Alles über

DEUTSCHLAND

D

Norbert Golluch

Alles über DEUTSCHLAND

D

Was wir schon immer über unser Vaterland wissen wollten

Fackelträger

Bildnachweis
Archiv des Verlages 73, 233
DPA/picture-alliance 31, 54, 75, 117, 131, 135, 155, 163, 193, 203, 225, 231, 245
Golluch, Norbert 7, 12, 17, 21f., 29, 41, 45, 48f., 51, 58f., 64, 77f., 95, 97f., 103, 109, 124, 141, 147, 156, 162, 175, 183, 186, 192, 208, 212, 229, 235f., 243, 248
MEV, Augsburg 52, 71, 99, 114, 149, 181, 185, 204, 219
www.online-images.de 84

Umschlaggestaltung: Fackelträger Verlag GmbH, Köln
Layout: Christopher Perkins, Köln

Printed in Germany

ISBN 978-3-7716-4348-5

www.fackeltraeger-verlag.de

256 Seiten sind nicht genug

Ganze Nationen passen nicht zwischen Buchdeckel. Noch so viele Fakten mag man sammeln, komplett wird so etwas nie. Ein aussichtsloses Vorhaben demnach, zum Scheitern verurteilt schon im Vorhinein? Wie repräsentative Umfragen vor Wahlen die Stimmungen von uns Bundesbürgern festzuhalten und zu deuten versuchen, so will dieses Buch ein wenig Deutschland, etwas vom Geist, Geschmack und Aroma dieses Landes einfangen und erfahrbar machen, sozusagen als Ausgrabung aus dem kollektiven Bewusstsein. Dabei geht es nicht nur um die sonst üblichen deutschverdächtigen Stereotype und die bekannten Merkmale und Größen der Nation. Es sind die an sich scheinbar unbedeutenden Details und Absonderlichkeiten, Kuriositäten und gern übersehene Fakten, die hier neu kombiniert und anders präsentiert werden als in einem herkömmlichen „Reiseführer Deutschland“. Man sieht und erkennt vielleicht mehr in einer Konstellation, die derart noch niemand zusammengestellt hat, und kann etwas, das man schon lange zu kennen glaubt, neu entdecken: dieses Ding mit den *Ds* auf den Autos, diese 350 000 Quadratkilometer Fläche rund um Berlin mit den 82 000 000 Menschen, die in unsäglichen Zungen reden, Haarsträubendes essen und trinken und langsam die Sitten und Gebräuche ihrer Vorväter vergessen. Es soll ein bisschen an Deutschland vorbeigeguckt werden, damit es nicht merkt, dass es beobachtet wird. Und wenn es glaubt, keiner sieht hin, dann riskieren wir einen Blick.

Beamtendeutsch

Nicht immer verstehen sich zwei Bundesbürger auf Anhieb. Obwohl beide Deutsch sprechen, kann es sein, dass der eine von ihnen einen Dialekt benutzt, der dem anderen nicht nur ziemlich unverständlich erscheint, sondern ihm auch ein Gefühl des Unwohlseins bereitet. Die Sprache der Obrigkeit – das Beamtendeutsch – ist so ein Fall: kompliziert, undurchschaubar und eigentlich ein Unding in einem demokratischen Staat.

Arbeitsgelegenheit mit Mehraufwandsentschädigung	Hartz IV
aufgrund überhöhter Geschwindigkeit	weil jemand zu schnell fuhr
Beischlafdiebstahl	gewerbsmäßigen Sex erschleichen, ohne zu bezahlen
Beschulung	unterrichtet werden
Brandortbegehung	einen Brandort besichtigen
Einsichtnahme	in einer Akte oder einem Schriftstück lesen
Fahrtrichtungsanzeiger	Blinker
forstwirtschaftliche Nutzfläche mit Wildtierbestand	Wald
Kopfbekleidung	Hut o. Ä.
Ladungsverluste	Gegenstände, die von Fahrzeugen auf bundesdeutsche Straßen fallen
Leuchtmittel	Glühbirne oder Neonröhre
Lichtzeichenanlage	Ampel

männliche Person	Mann
Neubeelterung	neue Eltern für ein Kind suchen
plangleicher Knotenpunkt ohne Lichtsignalanlage	Kreisverkehr
Polizeikräfte	mehrere Polizisten
Postwertzeichen	Briefmarke
Rechnungswesen	Buchhalterkreatur
Schließzangen	Handschellen
Straßenbegleitgrün	Mittelstreifen
Tötungsabsicht	das Vorhaben, jemanden umzubringen
verkehrsbehindernd parken	mit einem Auto im Weg stehen
weibliche Person	Frau
unter der Einwirkung alkoholischer Getränke	betrunken, besoffen, blau

Wie viele gehen fort? Wie viele kommen her?

Viele Menschen wollen nach Deutschland – manche meinen zu viele – und dürfen es nicht. Andererseits war und ist Auswandern immer wieder Thema in Deutschland – sei es wegen Umweltkatastrophen (Tschernobyl) oder besserer beruflicher Chancen oder allgemein einer besseren Zukunftsprognose. Sicher kehren manchmal auch Migranten mit ihren Familien ins Herkunftsland zurück. Hier die Strömungen über die Jahre und Jahrzehnte in nackten Zahlen. Fazit über die Jahre: Noch kommen mehr als gehen.

	Zuzüge aus dem Ausland	**Fortzüge ins Ausland**	**Wanderungssaldo**
2005	707 352	628 399	78 953
2004	780 175	697 632	82 543
2003	768 975	626 330	142 645
2002	842 543	623 255	219 288
2001	879 217	606 494	272 723
2000	841 158	674 038	167 120
1999	874 023	672 048	201 975
1998	802 456	755 358	47 098
1997	840 633	746 969	93 664
1996	959 691	677 494	282 197
1995	1 096 048	698 113	397 935
1994	1 082 553	767 555	314 998
1993	1 277 408	815 312	462 096
1992	1 502 198	720 127	782 071
1991	1 198 978	596 455	602 523
1990	1 256 250	574 378	681 872
1989	1 133 794	539 832	593 962
1988	860 578	419 439	441 139
1987	591 765	398 518	193 247
1986	567 215	407 139	160 076
1985	480 872	425 313	55 559
1984	410 387	604 832	-194 445
1983	354 496	487 268	-132 772
1982	404 019	493 495	-89 476

1981	605 629	470 525	135 104
1980	736 362	439 571	296 791
1979	649 832	419 091	230 741
1978	559 620	458 769	100 851
1977	522 611	505 696	16 915
1976	476 286	569 133	-92 847
1975	429 064	652 966	-223 902
1974	601 013	635 613	-34 600
1973	932 583	580 019	352 564
1972	852 549	568 610	283 939
1971	936 349	554 280	382 069
1970	1 042 760	495 675	547 085
1969	980 731	436 685	544 046
1968	657 513	404 301	253 212
1967	398 403	604 211	-205 808
1966	702 337	608 775	93 562
1965	791 737	489 503	302 234
1964	698 609	457 767	240 842
1963	576 951	426 767	150 184
1962	566 465	326 339	240 126
1961	489 423	266 536	222 887
1960	395 016	218 574	176 442
1959	227 600	178 864	48 736
1958	212 520	161 865	50 655
1957	200 142	173 171	26 971
1956	159 086	168 101	-9 015
1955	127 921	136 977	-9 056
1954	111 490	136 212	-24 722
1953	101 599	122 264	-20 665
1952	88 089	135 796	-47 707
1951	88 349	126 071	-37 722
1950	96 140	78 148	17 992

Steckbrief Deutschland 2007

Föderaler Bundesstaat, seit 1949 parlamentarische Demokratie

Parlament:	Deutscher Bundestag – 16. Legislaturperiode, 614 Abgeordnete
Bundespräsident:	Horst Köhler
Bundeskanzlerin:	Angela Merkel
Hauptstadt:	Berlin
Staatswappen:	Bundesadler
Nationalhymne	
Text:	August Heinrich Hoffmann von Fallerslebens *Lied der Deutschen* (dritte Strophe)
Musik:	Joseph Haydn *Kaiserhymne*
Nationalfeiertag:	3. Oktober, Tag der Deutschen Einheit
Zeitzone:	MEZ/MESZ
Währung:	1 Euro = 100 Cent
Telefonvorwahl:	+49
Internet-Domain:	.de
Amtssprache:	Deutsch
Staatsgebiet Fläche:	357 022 Quadratkilometer
Nord-Süd-Ausdehnung:	876 Kilometer
West-Ost-Ausdehnung:	640 Kilometer
Klima:	gemäßigt, mit vorwiegend westlicher Strömungsrichtung
Einwohner:	82,5 Millionen
Frauen:	42,2 Millionen
Männer:	40,3 Millionen
Ausländer:	7,3 Millionen (8,8 Prozent der Gesamtbevölkerung)
Türken:	1,8 Millionen
Italiener:	0,5 Millionen

Ex-Jugoslawen:	0,7 Millionen
Polen:	0,3 Millionen
Griechen:	0,3 Millionen
Bevölkerungsdichte:	231 Einwohnern pro Quadratkilometer 90 Großstädte mit über 100 000 Einwohnern 88 Prozent der Bevölkerung leben in Städten und Ballungsräumen
Geburtenrate:	etwa 1,4 Kinder pro Frau
Altersstruktur	
unter 15 Jahre:	14 Prozent
15 - 65 Jahre:	67 Prozent
über 65 Jahre	19 Prozent
Lebenserwartung	
Männer:	76 Jahre
Frauen:	81 Jahre
Religionen	
keine Staatsreligion	
Christen:	53 000 000
Katholiken:	26 000 000
Protestanten:	26 000 000
Muslime:	3 300 000
orthodoxe Christen:	900 000
Buddhisten:	230 000
Juden:	100 000
Hinduisten:	90 000
Familienstand	
verheiratet:	44,5 Prozent
ledig:	17,4 Prozent
Verkehrsinfrastruktur	
Schienennetz:	38 000 Kilometer
Straßennetz:	231 500 Kilometer
Wasserstraßen:	7 300 Kilometer
Seehäfen – Güterumschlag	
Hamburg:	134 800 000 Tonnen
Bremen/Bremerhaven:	65 100 000 Tonnen
Wilhelmshaven:	32 900 000 Tonnen
Lübeck:	30 000 000 Tonnen

Wirtschaft

Bruttoinlandsprodukt:	gesamt 2 307 Milliarden Euro (2006)
Bruttoinlandsprodukt je Einwohner:	28 012 Euro
Exporte:	896 Milliarden Euro (2006)
Deutschland exportiert in der Hauptsache:	Maschinen – Fahrzeuge – Produkte der chemischen Industrie – Metalle und Metallwaren – Nahrungsmittel und Textilien
Deutschland importiert in der Hauptsache:	Maschinen – Fahrzeuge – Produkte der chemischen Industrie – Metalle und Metallwaren – Nahrungsmittel und Textilien

Glauben Deutsche an Außerirdische?

Ist da draußen jemand? Gibt es Leben im Weltall? Diese Frage beschäftigt Verstand und Fantasie der Bundesbürger, und sie kommen dabei zu durchaus unterschiedlichen Ergebnissen:

40 Prozent aller Deutschen glauben, dass es Außerirdische gibt.

35 Prozent der Frauen und 47 Prozent der Männer erwarten intelligentes Leben im All.

Die Befragten stellen sich die Außerirdischen wie folgt vor:

44 Prozent menschenähnlich

40 Prozent unsichtbar

30 Prozent insektenartig

27 Prozent etwa wie in der Fernsehserie *Raumschiff Enterprise*

13 Prozent wie grüne Männchen

22 Prozent der Deutschen glauben, dass es Botschaften von Außerirdischen gibt.

Deutsche Freizeit-Fußballklubs und Thekenkicker

Augustinus • Ballermänner 04 • Barney Allstars • Bembelberies • Black Panthers • Boca Feez Seniors • Messdiener • Zwietracht Dresch und Flegel • Ruck Zuck Pearl Harbor • Beethovens 11. • Cream Team • Prinzip Hoffnung • Roter Stern Rathenau • Betong Union • Dr. Rainer Klimke • Fußballwunder • Weißer Holunder • Mainzer Hof • Zapzarap • Traktor Grüngürtel • RSF Uganda Waragi • Kellerkinder • Feine Kerle Köln • Knacker Einfach • Inter Leckt • 3Beiner • Avanti Dilletanti • THC Schlaff durch Freude • Meine Güte Wundertüte • Staus und Behinderungen • Kräuter der Provinz • Homa Tor Eigelstein • Grand Hotel Abseits • Mad Dogs Berlin • Ostblock Soccerz • Primitives • Psycho Boys • Real Cotta • Young Stars • FC Bolzplatz United • Betreutes Wohnen Leipzig • FC Fliegender Koffer • BSG Spielverständnis • Zärtliche Cousinen • Wilde 30er • Die satanischen Ferse • Die verkannten Genies • FC Leistenbruch • Ladykracher • FC Aschenbecher • Die Irrläufer • Freunde des groben Sports • Fußballmutanten • Galopper des Monats • Sparda Schleppfuss

Magische Orte in Deutschland

Alltägliche Plätze lassen die Fantasie kalt – erst wenn es geheimnisvolle geschichtliche Hintergründe gibt, wenn in dunkler Vergangenheit unsere Vorfahren Rätselhaftes taten oder gar Geister und Unwesen im Spiel waren, gewinnt ein Ort im heutigen Leben an Interesse. An den folgenden Schauplätzen verdichten sich auch im kollektiven Bewusstsein geheimnisvolle Kräfte.

An der Stadtstelle in Blumenthal-Wald im Landkreis Märkisch-Oderland befinden sich merkwürdige Steinformationen und Überreste menschlicher Besiedlung, die auf eine Stadt hindeuten, die im 15. Jahrhundert von den Hussiten zerstört wurde.

Auf dem Engelberg im Odenwald liegt das Franziskanerkloster Engelberg hoch über den Weinbergen von Großheubach. Man muss über 612 Sandsteinstufen, die sogenannten Engelsstaffeln, nach oben steigen. Das Baumaterial für die Stufen sollen der Legende nach Engel hinaufgetragen haben.

Auf dem Harlungerberg in Brandenburg befand sich in vorchristlicher Zeit das Heiligtum des dreiköpfigen slawischen Kriegsgottes Triglav. Mit der Christianisierung der Mark Brandenburg wurde das Triglav-Heiligtum vom Neubau der viertürmigen Marienkirche abgelöst.

Das Sonnenobservatorium von Goseck, eine jungsteinzeitliche Kreisgrabenanlage mit über 70 Metern Durchmesser, wurde ca. 5000 v. Chr. erbaut und diente unseren Vorfahren wohl als Versammlungsort, Handelszentrum sowie als Kult- und Gerichtsplatz. Es bestand aus drei Holzringwällen mit jeweils drei Toren.

Der Alte Turm im Klosterpark Mettlach/Saar wurde 990–994 als Grabkapelle des Heiligen Lutwinus (Gründer des Klosters

Mettlach im Jahre 676) gebaut. Der Turm wurde als Achteck mit sechs halbrunden Nischen im Inneren errichtet. Er ist das älteste Bauwerk des Saarlandes und eines seiner Wahrzeichen.

Der Blautopf ist eine Karstquelle am Südrand der Schwäbischen Alb in der Stadt Blaubeuren, 16 Kilometer westlich von Ulm. Er speist die Blau, einen Nebenfluss der Donau. Der bis zu 21 Meter tiefe Quelltopf zeigt eine intensive blaue Farbe. Im Volksmund gilt er als bodenlos, und zahlreiche Legenden ranken sich um ihn und die Wasserwesen, die in ihm wohnen sollen.

Der Disibodenberg befindet sich dort, wo Nahe und Glan zusammenfließen. Er trägt seinen Namen nach dem heiligen Disibod, einem irischen Mönch und Einsiedler, der am Fuße des Berges lebte und predigte. Auf dem Berg befand sich möglicherweise schon in keltischer Zeit ein Heiligtum. Nach dem Tod Disibods errichtete man auf dem Berg ein Kloster, in dem Hildegard von Bingen als Äbtissin wirkte.

Der Gollenstein im Saarland bei Blieskastel ist ein etwa 4 000 Jahre alter, sechseinhalb Meter hoher Monolith und damit eines der ältesten Kulturdenkmäler Deutschlands. Durch seine ernormen Ausmaße zählt er zu den größten Menhiren Mitteleuropas. Ihm ähnelt der fünf Meter hohe Spellenstein im saarländischen St. Ingbert.

Der Ottilienberg bei Eppingen in Baden-Württemberg wurde schon in der Vorzeit als Kultstätte genutzt. Heute befindet sich dort eine spätmittelalterliche Wallfahrtskirche.

Der Petersberg bei Bonn ist einer der Berge des Siebengebirges. Auf dem 331 Meter hohen Gipfel liegt das Grandhotel, das als Gästehaus der Bundesrepublik Deutschland genutzt wird. Archäologische Funde belegen, dass bereits 3500 v. Chr. Menschen auf dem Petersberg siedelten, und auch die Kelten nutzten diesen Berg in vorchristlicher Zeit, wie der Fund

Klosterruine Heisterbach

eines Ringwalles belegt. Es ist ein Bauwerk mit einer Länge von über einem Kilometer, einer Breite von etwa drei Metern und einer Höhe von ungefähr drei bis vier Metern.

Der zweite Petersberg liegt in Rheinhessen zwischen Gau-Odernheim und Bechtolsheim. Auf der 246 Meter hohen Hügelkuppe befindet sich die Ruine einer Kapelle oder Basilika.

Die Bruchhauser Steine befinden sich nordwestlich des 721 Meter hohen Istenbergs im Rothaargebirg/Hochsauerlandkreis. Es sind vier große Felsblöcke aus Porphyr-Gestein, zwischen denen in vorgeschichtlicher Zeit Wälle gezogen wurden, um das umschlossene Terrain als Fliehburg oder zu kultischen Zwecken zu nutzen.

Die Donareiche war ein dem germanischen Gott Donar geweihter Baum in Geismar bei Fritzlar, den der Heilige Bonifatius im Jahre 723 fällen ließ, um die Ohnmacht der altgermanischen Götter zu beweisen. Aus dem Holz der Eiche ließ er eine einfache Kapelle bauen, aus der das Benediktinerkloster Fritzlar hervorging, an dessen Stelle heute der Dom St. Peter steht.

Die Ehrenbürg ist ein 532 Meter hoher Berg in der Nähe von Forchheim in Oberfranken, der bereits in der jungen Steinzeit besiedelt war. Sein Doppelgipfel ist Schauplatz von zahlreichen Mythen und Legenden. In der Walpurgisnacht sollen sich dort Hexen, Feuermännchen und höllische Heerscharen zum Hexentanz treffen.

Die Externsteine im Teutoburger Wald sind eine markante Felsengruppe, die bereits während der Steinzeit von dort siedelnden Menschen aus kultischen Gründen oder zum Schutz genutzt wurde. Zahlreiche, bis zu 10 000 Jahre alte Funde aus der Altsteinzeit belegen dies.

Bei der Hexentreppe auf dem 971 Meter hohen Wurmberg im Harz handelt es sich um Reste eines großen prähistorischen Kultplatzes, der leider durch Nachlässigkeit in der Neuzeit fast vollständig zerstört wurde. Die etwa 240 Meter lange Hexentreppe beginnt in 890 Metern Höhe am Berghang und überwindet 80 Höhenmeter bis zum Gipfel, auf dem sich ein in Stein gefasster Thingplatz befindet, der wahrscheinlich in der Vergangenheit noch durch eine Wallanlage oder von Menhiren umgeben war.

Die Kleinenknetener Steine, auch die Großen Steine genannt, sind zwei Megalith-Grabanlagen aus der Vorzeit nahe dem Ort Kleinenkneten in der Wildeshausener Geest in Niedersachsen. In der näheren Umgebung liegen noch zahlreiche weitere Vorzeitmonumente.

Die Loreley oder Lorelei in St. Goarshausen am Rhein ist ein 132 Meter hoher, aus dem östlichen Ufer des Rheins herausragender Schieferfelsen. Schon vor etwa 600 000 Jahren sollen auf dem Felsplateau Menschen gesiedelt haben, allerdings lag es damals noch auf Höhe des Flusses. Der

Sage nach sang dort, auf dem Felsen sitzend und ihr Haar kämmend, eine Nixe so unwiderstehlich schön, dass Schiffer in die Strudel des dort sehr gefährlichen Stromes gelockt wurden und darin umkamen.

Die sagenhafte Stadt Rungholt soll im Jahre 1362 in einer gewaltigen Sturmflut, der großen Mandränke, im Meer versunken sein. Bei Ebbe ragen nördlich der Hallig Südfall kleine Hügel aus dem Watt, die die letzten Reste der Stadt sind.

Die Schalkenburg ist eine 800 Meter südwestlich des Ortes Quenstedt im Harzvorland gelegene neusteinzeitliche Kultstätte der Bernburger Kultur. Die Ringanlage besteht aus fünf konzentrischen Pfostenovalen und hat einen Durchmesser von 95 Metern.

Die Venushöhle im thüringischen Hörselberg hat den Komponisten Richard Wagner zu seinem *Tannhäuser* inspiriert. Aus dem Hörselberg wurde der Venusberg der Tannhäuser-Sage. Auch wollen dort esoterisch begabte Menschen Naturgeister erspürt haben.

Im Steinmühlental in der Nähe von Ilfeld im Südharz finden sich Felsformationen, die wie seltsame Skulpturen wirken. Es könnte sich um eine germanische Kultstätte handeln, in der Wotan, die Fruchtbarkeitsgöttin Ostara und der Dämon Loki verehrt und dargestellt wurden.

Kloster Ettal in Oberbayern, 1330 gegründet, ist ein Barockkloster im oberbayerischen Dorf Ettal, rund zehn Kilometer nördlich von Garmisch-Partenkirchen und südöstlich von Oberammergau gelegen. Das Kloster gilt als Inbegriff der benediktinischen Spiritualität.

Alkohol in Deutschland

Pro-Kopf-Konsum im Jahr

Bier:	115 Liter
Schnaps:	5,7 Liter
Sekt:	3,8 Liter
Wein:	20 Liter

Das entspricht insgesamt etwa 11,4 Liter reinem Alkohol.

Jeder Deutsche (Kleinkinder, Jugendliche, Männer und Frauen, Greise und Greisinnen) nimmt statistisch täglich über 30 Milliliter Alkohol zu sich. Realistisch betrachtet, müssen die Alkoholmengen für erwachsene Männer also deutlich über 40 Millilitern liegen.

Brauarten in Deutschland

Obergärig
(Bierhefe schwimmt nach der Fermentation oben):
Kölsch, Alt, Weizenbier, Bönnsch, Gose, Dampfbier, Malzbier, Berliner Weiße

Untergärig
(Bierhefe sammelt sich nach der Fermentation unten):
Pils, Export, Bockbier, Lager, Zwickel, Zoigl

Die andere Seite

Etwa drei Prozent aller Deutschen (ca. 2,5 Millionen) sind alkoholkrank. Weitere fünf Prozent sind stark gefährdet, weil sie starken Alkoholmissbrauch betreiben. Drei alkoholkranke Männer stehen statistisch etwa einer Frau gegenüber, wobei allerdings wegen der sozialen Stigmatisierung des Trinkens bei Frauen von einer hohen Dunkelziffer auszugehen ist. Die meisten Alkoholkranken sind zwischen dreißig und sechzig Jahren alt. Allerdings nehmen Missbrauch und Abhängigkeit in jüngeren Lebensjahren zu.

Jährlich sterben pro 100 000 Einwohnern dreißig Männer und zehn Frauen an alkoholbedingten Gesundheitsfolgen. Hinzukommen 55 000 Verkehrsunfälle unter Alkoholbeteiligung. Bei 19 Prozent aller tödlichen Verkehrsunfälle ist Alkohol im Spiel.

Kultkameras

Adox

Agfa Click

Bilova

Contax

Leica

Minox

Pentacon

Rollei

Spritfresser in und aus Deutschland

Modell	Durchschnittsverbrauch (Angabe in Liter pro 100 Kilometer)
Bugatti Veyron	24,1
Mercedes ML 63 AMG	16,5
Maybach 57 S	16,4
Landrover V8 Kompressormotor	16,0
VW Touareg W12	15,9
Porsche Cayenne S	15,8
BMW M5	14,8
Audi A8 6.0	14,7
Chrysler 300C SRT8 6,1	14,1
Audi S4 Cabriolet	13,8
Audi Q7 4,2 FSI Quattro	13,6
Audi R9	13,6
BMW 760Li	13,6
BMW X5 4,8i	13,5
Audi S6 5,2 FSI quattro	13,4
Landrover Freelander V6	12,4
BMW X3 3,0i	12,1
Audi A8 W12 quattro	10,8
BMW 530i	10,7

Fernsehköche in Deutschland

Da ohnehin keine Chance besteht, die Qualität ihrer Produkte in diesem Buch zu übermitteln, soll hier die Aufzählung ihrer Namen und Geburtsjahre genügen.

1906 **Clemens Wilmenrod**
(bürgerlich: Carl Clemens Hahn)
1915 **Hans Karl Adam**
1919 **Horst Scharfenberg**

1928 **Kurt Drummer** (DDR)
1934 **Alfred Biolek**

1941 **Eckart Witzigmann**
1945 **Max Inzinger**
1948 **Dieter Müller**
1949 **Alfons Schuhbeck**

1954 **Rainer Sass**
1955 **Harald Wohlfahrt**
1957 **Johann Lafer** (A)

1962 **Horst Lichter**
1962 **Sarah Wiener** (A)
1964 **Kolja Kleeberg**

1971 **Alexander Herrmann**
1971 **Ralf Zacherl**
1971 **Tim Mälzer**
1975 **Jamie Oliver** (GB)

Wer regiert(e) die Bundesrepublik Deutschland

Bundespräsidenten:

Theodor Heuss (1949–1959)

Heinrich Lübke (1959–1969)

Gustav W. Heinemann (1969–1974)

Walter Scheel (1974–1979)

Karl Carstens (1979–1984)

Richard von Weizsäcker (1984–1994)

Roman Herzog (1994–1999)

Johannes Rau (1999–2004)

Horst Köhler (seit 2004)

Bundeskanzler/in:

Konrad Adenauer (1949–1963)	CDU
Ludwig Erhard (1963–1966)	CDU
Kurt Georg Kiesinger (1966–1969)	CDU
Willy Brandt (1969–1974)	SPD
Helmut Schmidt (1974–1982)	SPD
Helmut Kohl (1982–1998)	CDU
Gerhard Schröder (1998–2005)	SPD
Angela Merkel (seit 2005)	CDU

Die Augsburger Puppenkiste im Fernsehen

Das von dem genialen Walter Oehmichen 1948 gegründete Augsburger Puppentheater begleitete und prägte die Kindheit ganzer Generationen in der Bundesrepublik Deutschland.

1953 Peter und der Wolf • **1957** Der kleine Muck • **1959–1960** Die Muminfamilie • **1961** Jim Knopf und Lukas der Lokomotivführer • **1962** Jim Knopf und die Wilde 13 • **1962–1965** Klecksi's Abenteuer / Klecksi, der kleine Tintenfisch • **1962–1965** Kunibert und Heiner • **1962–1972** Hilde, Teddy und Puppi • **1963** Der kleine dicke Ritter • **1963** Klecksi, der Tintenfisch • **1964** Kater Mikesch • **1965** Der Löwe ist los • **1966** Kommt ein Löwe geflogen • **1966–1967** Pieperle • **1967** Gut gebrüllt, Löwe • **1967–1972** Beppo und Peppi • **1967–1972** Die Museumsratten • **1968** Bill Bo und seine Bande • **1969** Urmel aus dem Eis • **1970** Kleiner König Kalle Wirsch • **1971** 3:0 für die Bärte • **1971–1976** Natur und Technik / Denk und Dachte • **1972** Die Steinzeitkinder • **1972** Wir Schildbürger • **1973** Don Blech und der goldene Junker • **1974** Urmel spielt im Schloss • **1975** Drachen hat nicht jeder • **1976** Jim Knopf und Lukas der Lokomotivführer • **1977** Eine Woche voller Samstage • **1977** Jim Knopf und die wilde 13 • **1978** Das kalte Herz • **1979** Lord Schmetterhand • **1980** Am Samstag kam das Sams zurück • **1980** Die Opodeldoks • **1981** Fünf auf dem Apfelstern • **1982** Katze mit Hut • **1982** Wolkenreiter und Sohn • **1983** Neues von der Katze mit Hut • **1984** Abdallah und sein Esel • **1984** Das Tanzbärenmärchen • **1985** Kater Mikesch • **1986** Schlechte Zeiten für Gespenster • **1986** Schlupp vom grünen Stern • **1987** Der liebe Herr Teufel • **1987** Schlupp vom grünen Stern – Neue Abenteuer auf Terra • **1989** Aladin und die Wunderlampe • **1989** Caruso & Co. • **1990** Der Prinz von Pumpelonien • **1990** Was kommt vor im Ofenrohr • **1991** Drei Dschungeldetektive • **1992** Das Burggespenst Lülü • **1993** Zauberer Schmollo • **1995** Der Raub der Mitternachtssonne • **2000–2001** Lilalu im Schepperland • **2005** Ralphi

Germanische Gottheiten

Ihr Wirken liegt in grauer Vorzeit, und die Schreibweise ihrer Namen variiert. Mehr als hier ihren Namen zu nennen, ist nicht möglich, nur ein sehr umfangreiches Werk könnte die Welt der germanischen Mythologie beschreiben.

Donar	auch Thor, der Donnergott
Folla	Schwester der Frija, Frau an der Seite des Tyr, Gott der Gerechtigkeit
Fricco	Fruchtbarkeitsgott, mit einem gewaltigen Priapos dargestellt
Frija	die Göttermutter und Frau Wotans
Mani	nordgermanischer Mondgott
Saxnot	Sohn des Wotan, einarmiger Kriegsgott
Sinhtgunt	Schwester der Sonnengöttin, vielleicht Mondgöttin
Sunna	die Sonnengöttin
Wotan	auch Wodan oder Odin, germanischer Hauptgott

Kollektive Ängste

Kollektive Ängste verändern sich in einer Gesellschaft, je nachdem welche aktuellen Ereignisse das Denken der Menschen bestimmt. Hier eine kleine Auswahl mit ihrem ungefähren erstmaligen Auftreten und einigen Vorschlägen, was die deutschen in der Zukunft kollektiv ängstigen könnte.

Atomkrieg	1950
Kommunismus	1965
Anarchie	1968
Terrorismus deutscher Herkunft	1971
Überbevölkerung	1975
Waldsterben	1980
AIDS	1984
Supergau	1986
BSE	1990
Elektrosmog	1995
Y2K-Bang	1999
Terrorismus islamistischer „Gotteskrieger“	2001
Acrylamid	2002
SARS	2003
Feinstaub	2004
Genmanipulation	2005
Vogelgrippe	2006
Klimakatastrophe	2007
Passivrauchen	?
Meteoriteneinschlag	?
Superstürme	?
Gelbe Gefahr	?
Komplettverblödung durch TV	?

Berühmte deutsche Eichen

Die deutsche Eiche (Quercus robur), auch Stieleiche oder Sommereiche genannt, ist ein Laubbaum aus der Gattung der Eichen in der Familie der Buchengewächse (Fagaceae). Sie wird bis zu 30 Meter hoch und kann 500 bis 800 Jahren alt werden – in Einzelfällen älter (bis zu 1 500 Jahren). Ihr Stamm erreicht einen Durchmesser bis zu drei Metern. Die Eiche blüht von April bis Mai, ihre Früchte, die Eicheln, reifen vom Spätsommer bis zum Frühherbst.

Name, Ort	**Stammumfang in Meter**	**Alter**
Alte Eiche in Dausenau/Rhein-Lahn-Kreis	9,00	800 bis 1 100 Jahre
Dicke Marie bei Berlin-Reinickendorf	6,65	900 Jahre
Eiche in Albshausen/Solms	8,05	400 Jahre
Eiche in Flehm bei Kletkamp	7,77	600 Jahre
Femeiche in Raesfeld-Erle/Kreis Borken	12,00	700 bis 1 000 Jahre
Friederikeneiche bei Hude/Landkreis Oldenburg	8,11	1 200 Jahre
Fünfmarkeiche bei Kellenhusen	6,00	380 Jahre
Gerichtseiche im Reinhardswald bei Holzhausen/Immenhausen	7,50	1 500 Jahre
Grabeiche in Nöbdenitz/Landkreis Altenburger Land	11,00	600 bis 1 000 Jahre
Hammundeseiche bei Friedewald/Landkreis Hersfeld-Rotenburg	8,77	400 bis 600 Jahre
Hüter des Feldes bei Lichtenfels/Oberfranken	6,10	1 000 Jahre
Kaisereiche bei Füttersee/Geiselwind	8,00	500 Jahre
König-Ludwig-Eiche in Bad Brückenau/Landkreis Bad Kissingen	7,00	400 Jahre

Königseiche in Volkenroda/Unstrut-Hainich-Kreis	9,70	400 bis 600 Jahre
Kreuzeiche bei Hürbel/Ansbach	6,50	600 Jahre
Michaelseiche bei Albertshausen (Landkreis Bad Kissingen)	7,90	700 bis 800 Jahre
Muttereiche in Magdeburg (1925 gefällt)	5,20	320 Jahre
Ringeiche in Ivenack/Landkreis Demmin	12,40	1 000 Jahre
Sankt-Wolfgangs-Eiche bei Schloss Haus/Regensburg	8,40	1 250 Jahre
Schöne Eiche in Endlichhofen/Rhein-Lahn-Kreis	7,40	350 bis 400 Jahre
Schöne Eiche bei Pinnow/Landkreis Demmin	8,63	400 Jahre
Schwedeneiche in Weida/Landkreis Greiz	7,20	500 bis 600 Jahre
Tausendjährige Eiche in Berteroda/Wartburgkreis	9,95	500 bis 700 Jahre
Tiergarteneiche im Tiergarten Hannover	6,00	650 Jahre

42 rattenscharfe Stimmungshits

Zieh Dich aus, kleine Maus!

Disk 1

1. Hey Baby
2. Zehn nackte Friseusen
3. Weiber
4. Erst kommt das Binger Loch
5. Aloha-oe, mein A... tut weh
6. Eine kleine Nymphomanin
7. Die Jungfrau
8. Willenlos
9. Die Schleifer von Paris
10. Fass mal hier hin, fass mal da hin
11. … ich bin viel schöner (Antonia)
12. Itsy bitsy teeny weeny Honolulu Strandbikini
13. Zieh dich aus kleine Maus
14. Wahnsinn (Hölle, Hölle, Hölle)

Disk 2

1. Zwanzig Zentimeter
2. Anton aus Tirol
3. Sexy
4. Es ist geil (ein Arschloch zu sein)
5. Warum kann denn in Kufstein
6. Die Sennerin vom Glockental
7. Dingeling
8. Das alte Kanapee
9. Der Eiermann
10. Männer made in Germany
11. Meiner ist der schönste
12. Du bist fort – zieh den Gummi an
13. A klana Indianer
14. Olé wir fahr'n in P… nach Barcelona

Disk 3

1. Die pure Lust am Leben
2. Zeig doch mal die Möpse
3. Lieschen, Lieschen, Lieschen
4. Die Hände zum Himmel
5. Junge, Junge, Mensch hat die 'ne Brust
6. Den schönsten Hintern hat Marie
7. Hannelore, heut machen wir Amore
8. Frösche in der Nacht
9. Ohne Höschen, ohne Hemd
10. Ein bisschen hin und her
11. Was geht uns das an
12. Ein Bett im Kornfeld
13. Jetzt geht die Party richtig los (Je später der Abend, je schöner die Gäste)
14. Gimme dat ding

(Quelle: *Zieh dich aus kleine Maus*, Laserlight Digital 2001)

Die Tracht

Das Wort kommt von althochdeutsch *traht(a)* bzw. mittelniederdeutsch *dracht*. Es bezeichnete zunächst einmal das, was als Kleidung getragen wurde. Heute findet es Verwendung für traditionelle und historische Kleidungszusammenstellungen oder einzelne Kleidungsstücke. Die Tracht drückt regionale, ethnische oder berufliche Zugehörigkeit aus.

Die Berufstrachten oder Zunfttrachten wie auch die Amtstrachten stammen aus dem handwerklichen Leben der Städte, während die Volkstrachten ihren Ursprung als gebietsübliche Bekleidungsform in ländlichen Regionen haben. Die ersten Trachten entstanden etwa Ende des 15. Jahrhunderts.

Die Bundesländer

	Fläche (in Quadrat-kilometer)	Einwohner
Baden-Württemberg	35 752	10 735 000
Bayern	70 552	12 469 000
Berlin	892	3 395 000
Brandenburg	29 479	2 559 000
Bremen	404	663 000
Hamburg	755	1 744 000
Hessen	21 115	6 092 000
Mecklenburg-Vorpommern	23 180	1 707 000
Niedersachsen	47 624	7 994 000
Nordrhein-Westfalen	34 085	18 058 000
Rheinland-Pfalz	19 590	4 059 000
Saarland	2 569	1 050 000
Sachsen	18 416	4 274 000
Sachsen-Anhalt	20 446	2 470 000
Schleswig-Holstein	15 799	2 833 000
Thüringen	16 172	2 335 000

(Quelle: Statistisches Bundesamt)

Erdbeben

Stärkere Erdbeben in Deutschland und solche Beben, die auch in deutschen Gebieten zu spüren waren:

Jahr	Stärke	Umkreis km	Ort
827	7–8	unbekannt	Nordsachsen
858	7	130	Mainz, Rheingraben
1021	8–9	600	Basel, Schweiz
1088	7–8	unbekannt	Nordsachsen
1346	8	unbekannt	Gera
1346	8	unbekannt	Basel, Schweiz
1356	9	400	Basel, Schweiz (300 Tote)
1366	7–8	unbekannt	Gera
1531	8	unbekannt	Basel, Schweiz
1572	8	380	Innsbruck, Österreich
1610	7–8	unbekannt	Basel, Schweiz
1640	7–8	150	Düren, Niederrheinische Bucht
1655	7–8	100	Tübingen
1682	8	470	Remiremont, Frankreich, südliche Vogesen (Tote)
1689	8	unbekannt	Innsbruck, Österreich
1692	8	500	Verviers, Belgien
1728	7–8	250	Rastatt, Rheingraben
1756	8	324	Düren, Niederrheinische Bucht (Tote)
1872	7–8	290	Posterstein, Thüringen (Tote)
1877	8	120	Herzogenrath, Niederrheinische Bucht
1878	8	330	Tollhausen, Niederrheinische Bucht (Tote)
1911	8	500	Ebingen, Schwäbische Alb – Erdrutsch
1935	7–8	400	Saulgau, Oberschwaben
1940	7–8	25	Krügershall, Halle – Gebirgsschlag (Tote)
1943	8	485	Onstmettingen, Schwäbische Alb
1951	7–8	260	Euskirchen, Niederrheinische Bucht
1952	7–8	180	Seltz, Frankreich, Rheingraben
1953	8	35	Heringen, Werratal – Gebirgsschlag
1958	7–8	19	Merkers, Werratal – Gebirgsschlag
1975	8	75	Sünna, Werratal – Gebirgsschlag
1978	7–8	330	Albstadt, Schwäbische Alb
1989	8–9	140	Völkershausen, Werratal – Gebirgsschlag
1992	7	440	Roermond, Niederlande, Niederrheinische Bucht

Einige Beispiele für latinisierte Familiennamen

Besonders in der Epoche des Humanismus (14. bis 16. Jahrhundert) war es üblich, seinen Nachnamen, zumal wenn er ein Berufsname war, ins Lateinische zu übersetzen – aus *Ackermann* oder *Bauer* wurde *Agricola*. Viele dieser Namen haben sich bis heute erhalten.

Agricola = Bauer

Faber = Schmied

Fabricius = Schmied

Mercator = Krämer, Händler

Molitor = Müller

Piscator = Fischer

Pistor = Bäcker

Praetorius = Schultheiß

Rusticus = Bauer

Sartorius = Schneider

Sutor = Schuster

Textor = Weber

Vulpius = Fuchs

Deutsche Beiträge zum Grand Prix d'Eurovision

Jahr	Titel Interpret	Platzierung
1955	**Im Wartesaal zum großen Glück** W. A. Schwarz	*/14 Teilnehmer
1956	**So geht das jede Nacht** Freddy Quinn	*/14 Teilnehmer
1957	**Telefon** Margot Hielscher	Platz 4/10 Teilnehmer
1958	**Für zwei Groschen Musik** Margot Hielscher	Platz 4/10 Teilnehmer
1959	**Heute Abend woll'n wir tanzen geh'n** Kessler Zwillinge	Platz 8/11 Teilnehmer
1960	**Bonne nuit, ma Chérie** Wyn Hoop	Platz 4/13 Teilnehmer
1961	**Einmal sehen wir uns wieder** Lale Andersen	Platz 13/16 Teilnehmer
1962	**Zwei kleine Italiener** Conny Froboess	Platz 6/16 Teilnehmer
1963	**Marcel** Heidi Brühl	Platz 9/16 Teilnehmer
1964	**Man gewöhnt sich so schnell ...** Nora Nova	Platz 13/16 Teilnehmer
1965	**Paradies, wo bist du?** Ulla Wiesner	Platz 15/18 Teilnehmer
1966	**Die Zeiger der Uhr** Margot Eskens	Platz 10/18 Teilnehmer
1967	**Anouschka** Inge Brück	Platz 8/17 Teilnehmer
1968	**Ein Hoch der Liebe** Wencke Myhre	Platz 6/17 Teilnehmer
1969	**Primaballerina** Siw Malmkvist	Platz 9/16 Teilnehmer
1970	**Wunder gibt es immer wieder** Katja Ebstein	Platz 3/12 Teilnehmer

*geheime Wertung, nur Platz 1 wurde bekannt gegeben

1971	**Diese Welt** Katja Ebstein	Platz 3/18 Teilnehmer
1972	**Nur die Liebe lässt uns leben** Mary Roos	Platz 3/18 Teilnehmer
1973	**Junger Tag** Gitte	Platz 8/17 Teilnehmer
1974	**Die Sommermelodie** Cindy & Bert	Platz 14/17 Teilnehmer
1975	**Ein Lied kann eine Brücke sein** Joy Fleming	Platz 17/19 Teilnehmer
1976	**Sing Sang Song** Les Humphries Singers	Platz 15/18 Teilnehmer
1977	**Telegram** Silver Convention	Platz 8/18 Teilnehmer
1978	**Feuer** Ireen Sheer	Platz 6/20 Teilnehmer
1979	**Dschinghis Khan** Dschinghis Khan	Platz 4/19 Teilnehmer
1980	**Theater** Katja Ebstein	Platz 2/19 Teilnehmer
1981	**Johnny Blue** Lena Valaitis	Platz 2/20 Teilnehmer
1982	**Ein bisschen Frieden** Nicole	Platz 1/18 Teilnehmer
1983	**Rücksicht** Hoffmann & Hoffmann	Platz 5/20 Teilnehmer
1984	**Aufrecht geh'n** Mary Roos	Platz 13/19 Teilnehmer
1985	**Für alle** Wind	Platz 2/19 Teilnehmer
1986	**Über die Brücke geh'n** Ingrid Peters	Platz 8/20 Teilnehmer
1987	**Lass die Sonne in dein Herz** Wind	Platz 2/22 Teilnehmer
1988	**Lied für einen Freund** Maxi & Chris Garden	Platz 14/21 Teilnehmer
1989	**Flieger** Nino De Angelo	Platz 14/22 Teilnehmer
1990	**Frei zu leben** Chris Kempers & Daniel Kovac	Platz 9/22 Teilnehmer

1991	**Dieser Traum darf niemals sterben** Atlantis 2000	Platz 18/22 Teilnehmer
1992	**Träume sind für alle da** Wind	Platz 16/23 Teilnehmer
1993	**Viel zu weit** Münchener Freiheit	Platz 18/25 Teilnehmer
1994	**Wir geben 'ne Party** Mekado	Platz 3/25 Teilnehmer
1995	**Verliebt in dich** Stone & Stone	Platz 23/23 Teilnehmer
1996	**Planet of Blue** Leon	**/23 Teilnehmer
1997	**Zeit** Bianca Shomburg	Platz 18/25 Teilnehmer
1998	**Guildo hat euch lieb** Guildo Horn	Platz 7/25 Teilnehmer
1999	**Dic Reise nach Jerusalem** Sürpriz	Platz 3/23 Teilnehmer
2000	**Wadde hadde dudde da** Stefan Raab	Platz 5/24 Teilnehmer
2001	**Wer Liebe lebt** Michelle	Platz 8/22 Teilnehmer
2002	**I Can't Live Without Music** Corinna May	Platz 21/24 Teilnehmer
2003	**Let's Get Happy** Lou	Platz 12/26 Teilnehmer
2004	**Can't Wait Until Tonight** Max	Platz 8/24 Teilnehmer
2005	**Run & Hide** Gracia	Platz 24/24 Teilnehmer
2006	**No No Never** Texas Lightning	Platz 15/24 Teilnehmer
2007	**Frauen regier'n die Welt** Roger Cicero	Platz 19/24 Teilnehmer

** nicht zum Wettbewerb zugelassen, kein deutscher Beitrag im Finale

Deutsches Welterbe

Zum Welterbe der UNESCO gehören insgesamt 830 Denkmäler in 138 Ländern. 644 davon sind Kulturdenkmäler (K), 162 sind als Naturdenkmäler (N) schützenswert; 24 weitere gehören beiden Kategorien an. In Deutschland stehen 32 Objekte unter dem Schutz der UNESCO.

Objekt	Art	aufgenommen
Aachener Dom	K	1978
Speyerer Dom	K	1981
Würzburger Residenz und Hofgarten	K	1981
Wallfahrtskirche „Die Wies“	K	1983
Schlösser Augustusburg und Falkenlust in Brühl	K	1984
Dom und Michaeliskirche in Hildesheim	K	1985
Römische Baudenkmäler, Dom und Liebfrauen-Kirche in Trier	K	1986
Hansestadt Lübeck	K	1987
Schlösser und Parks von Potsdam und Berlin	K	1990; 1992 und 1999 erweitert
Kloster Lorsch	K	1991
Bergwerk Rammelsberg und Altstadt von Goslar	K	1992
Altstadt von Bamberg	K	1993
Klosteranlage Maulbronn	K	1993
Stiftskirche, Schloss und Altstadt von Quedlinburg	K	1994
Völklinger Hütte	K	1994
Grube Messel	N	1995

Bauhaus und seine Stätten in Weimar und Dessau	K	1996
Kölner Dom	K	1996
Luthergedenkstätten in Eisleben und Wittenberg	K	1996
Weimar der Klassik	K	1998
Wartburg	K	1999
Museumsinsel Berlin	K	1999
Gartenreich Dessau-Wörlitz	K	2000
Klosterinsel Reichenau	K	2000
Industriekomplex Zeche Zollverein in Essen	K	2001
Altstädte von Stralsund und Wismar	K	2002
Kulturlandschaft Oberes Mittelrheintal	K	2002
Kulturlandschaft Dresdner Elbtal	K*	2004
Rathaus und Roland in Bremen	K	2004
Muskauer Park (Park Muzakowski)	K**	2004
Obergermanisch-raetischer Limes - deutscher Teil der Welterbestätte „Grenzen des Römischen Reiches" (Erweiterung des Hadrianswalls, Großbritannien)	K**	2005
Altstadt von Regensburg mit Stadtamhof	K	2006

* Status durch die Planungen einer neuen Elbbrücke gefährdet
** grenzüberschreitendes Objekt

Todesursachen

In Deutschland gibt es pro Jahr insgesamt ca. 860 000 Todesfälle. Die nachfolgenden Angaben sind circa-Angaben aufgrund natürlicher und unnatürlicher Todesursachen.

Rauchen/Nikotin*	110 000 Tote
Alkohol	42 000 Tote
Krankenhausinfektionen	20 000 Tote
Selbstmord	11 000 Tote
häusliche Unfälle	6 500 Tote
Grippe (Influenza)**	6 000 Tote
Verkehrstote	5 300 Tote
Heroin/Kokain/Crack	1 300 Tote
Opfer von Gewaltverbrechen***	1 000 Tote
Arbeitsunfälle	1 000 Tote
Wohnungsbrände	600 Tote
Jäger und Jagdwaffen	40 Tote
Ecstasy	25 Tote
Blitzschlag	10 Tote
Cannabis	0 Tote

* davon Passivraucher ca. 3 300 Tote
** je nach Virusstamm auch mehr
*** davon Frauen durch häusliche Gewalt 300 Tote

Was Deutschland vorm Fernseher knabbert

Fischli

Salzstangen

Erdnüsse

Flips

Kräcker

Chips

Chips mit Dip

Bei Schuldgefühlen oder Übergewicht:

Salzstangen statt Erdnüsse

Reiskekse mit Schokoladenüberzug statt Schokolade

Gurkenscheiben statt Chips

Deutsche Philosophen

Name, Geburtsort	Lebensdaten
Gottfried Wilhelm Leibniz, Leipzig	1646–1716
Alexander Gottlieb Baumgarten, Berlin	1714–1762
Immanuel Kant, Königsberg (heute Kaliningrad)	1724–1804
Moses Mendelssohn, Dessau	1729–1786
Johann Gottfried Herder, Mohrungen (Ostpreußen)	1744–1803
Johann Gottlieb Fichte, Rammenau (Lausitz)	1762–1814
Wilhelm von Humboldt, Potsdam	1767–1835
Georg Wilhelm Friedrich Hegel, Stuttgart	1770–1831
Arthur Schopenhauer, Danzig	1788–1860
Ludwig Feuerbach, Landshut	1804–1872
Karl Marx, Trier	1818–1883
Friedrich Engels, Barmen	1820–1895
Ernst Haeckel, Potsdam	1834–1919
Friedrich Nietzsche, Röcken bei Lützen	1844–1900
Max Weber, Erfurt	1864–1920
Oswald Spengler, Blankenburg (Harz)	1880–1936
Karl Jaspers, Oldenburg	1883–1969
Ernst Bloch, Ludwigshafen	1885–1977
Norbert Elias, Breslau	1887–1990
Martin Heidegger, Meßkirch	1889–1976
Walter Benjamin, Berlin	1892–1940
Max Horkheimer, Stuttgart	1895–1973
Herbert Marcuse, Berlin	1898–1979
Erich Fromm, Frankfurt am Main	1900–1980
Hans-Georg Gadamer, Marburg (Lahn)	1900–2002
Hans Jonas, Mönchengladbach	1902–1993
Theodor W. Adorno, Frankfurt	1903–1969
Carl Friedrich von Weizsäcker, Kiel	*1912
Jürgen Habermas, Düsseldorf	*1929
Niklas Luhmann, Lüneburg	1927–1998
Rudolf Bahro, Berlin	1935–1997
Peter Sloterdijk, Karlsruhe	*1947

Fußballer mit Spitznamen

Auge	Klaus Augenthaler
Blondie	Gerald Asamoah
Charly	Karl-Heinz Körbel
Der Bomber	Gerd Müller
Der Boss	Helmut Rahn
Der fliegende Holländer	Bert van Maarwijk
Der Kaiser	Franz Beckenbauer
Der schöne Hansi	Hans Müller
Der Schwatte	Ulf Kirsten
Der Terrier	Berti Vogts
Der Titan, Olli	Oliver Kahn
Eia	Werner Krämer
Emma	Lothar Emmerich
Hacki	Herbert Wimmer
Heintje	Andreas Möller
Icke	Thomas Häßler
Katsche	Hans-Georg Schwarzenbeck
Klinsi, Flipper	Jürgen Klinsmann
Kokser	Jürgen Kohler
Litti	Pierre Litbarski
Miro	Miroslav Klose
Motzki	Matthias Sammer
Osram	*Jupp* Heynckes
Otto	Wolfgang Kleff
Prinz Poldi	Lukas Podolski
Quälix	Felix Magath
Schnitzel	Thomas Rosicky
Schnix	Bernd Schneider
Schweini	Bastian Schweinsteiger
Silberlocke	Jupp Derwall
Stan	Reinhard Libuda
Tante Käthe	Rudi Völler
Walter	Klaus Fischer
Zecke	Andreas Neuendorf
Zico	Uwe Bindewald
Ziege	Christian Ziege

Trinksprüche und Weisheiten zum Thema Alkohol

Im Wein soll ja Wahrheit liegen – überhaupt verleitet Alkohol wohl zu Äußerungen, die man sich nüchtern und bei voller Urteilskraft nicht erlauben würde. Sicher werden etliche der unten aufgelisteten Trinksprüche und alkoholischen Weisheiten mehr Wahrheit enthalten, als man auf den ersten Blick vermutet, treffen sie doch deutliche Aussagen über den, der sie benutzt.

Ab in den Rachen, Leute lasst es krachen!

Alkohol macht Kinder froh und Erwachsene ebenso.

Alkohol und Nikotin rafft die halbe Menschheit hin. Aber ohne Schnaps und Rauch krepiert die andere Hälfte auch.

Alter Wein und junge Weiber sind die besten Zeitvertreiber.

Am achten Tag schuf Gott das Bier, und seitdem hört man nichts mehr von ihm.

Arbeit ist der Untergang der trinkenden Klasse.

Auf das Wohl der Feinde deiner Feinde!

Bier auf Wein, das lass sein. Wein auf Bier, das lob ich mir!

Bier ist sehr eisenhaltig. Darum reden manche so viel Blech.

Bier macht nicht glücklich. Aber es beruhigt.

Bist du voll, so leg dich nieder, nach dem Schlafen saufe wieder.

Das Wasser gibt dem Ochsen Kraft, dem Menschen Bier und Rebensaft, drum danke Gott als guter Christ, dass du kein Ochs' geworden bist.

Der kluge Mensch, so glaubt es mir, der redet nicht und trinkt sein Bier.

Der Kopf tut weh, die Füße stinken, höchste Zeit
ein Bier zu trinken!

Dort wo früher meine Leber war, ist heute eine Mini-Bar.

Durst wird durch Bier erst schön!

Ein Mann ohne Bier ist wie ein Rasenmäher ohne Gras.

Es ist ein Grundbedürfnis der Deutschen, beim Biere schlecht
über die Regierung zu reden.
Otto von Bismarck

**Es trinkt der Mensch, es säuft das Pferd. In Bayern ist das
umgekehrt! Prost!**

Hätt' Adam deutsches Bier besessen, hätt' er den Apfel nie gegessen.

Hopfen und Malz – Gott erhalt's!

Ich bin nie besoffen, ich kipp immer schon vorher um.

Ich trink nicht viel, aber saufen tu ich umso lieber.

Ich trinke, also bin ich.

Ich trinke wenig, aber oft und dann viel ...

In vino veritas – in Bier ist auch so was.

Intelligenz säuft, deshalb bin ich auch nie nüchtern.

Ist unser Verein auch noch so klein, ein Bierchen geht in ihn noch rein.

Kein Bier vor vier!

Lieber einen Bauch vom Saufen als einen Buckel vom Arbeiten.

Lieber Korn im Blut als Stroh im Kopf!

Lieber sich den Hals verrenken, als dem Wirt den letzten Tropfen schenken!

Man könnte froh sein, wenn die Luft so rein wäre wie das Bier ...
Richard von Weizsäcker

Mit des Bieres Hochgenuss wächst des Bauches Radius.

Nur wer richtig feiert, kann richtig arbeiten!

Ohne Knete keine Fete!

Sieben Pils sind auch ein Schnitzel.

Solange man auf dem Boden liegen kann, ohne sich festzuhalten, ist man nicht betrunken!

Sport ist Mord - nur Sprit hält fit.

Bauwerke mit Spitznamen

Manchmal sind sie voller Liebe und Bewunderung, dann wieder schwingen Ablehnung, Häme oder gar Schadenfreude mit, wenn Bundesbürger ihre Bauwerke mit alternativen Rufnamen belegen. Ganz vorn liegen die Einwohner der Bundeshauptstadt – nirgendwo sonst gibt es so viele Gebäude mit bürgernaher Ersatzbezeichnung.

Berlin Brain Foster Bibliothek der Freien Universität, Berlin

Der lange Eugen ehemaliges Abgeordnetenhaus in Bonn

Eierwärmer Berliner Reichstagsgebäude mit Glaskuppel

Erichs Lampenladen Palast der Republik, Berlin (auch *Palazzo Prozzo* und zuletzt *Ballast der Republik*)

Goldelse Figur auf der Spitze der Berliner Siegessäule

Hohler Zahn Main Plaza, Frankfurt

Hohler Zahn Überreste der Kaiser-Wilhelm-Gedächtniskirche in Berlin

Hungerharke Luftbrückendenkmal, Berlin

Café Laubfrosch Die Kantine der Freiburger Zivilsenate des Oberlandesgerichts Karlsruhe

Kommode Gebäude der juristischen Fakultät der Humboldt-Universität, Berlin

Langer Lulatsch Berliner Funkturm am Messegelände

Retourkutsche Bezeichnung für die Quadriga auf dem Brandenburger Tor, Berlin

Schichttorte Wohnhaus am Bahrenfelder Steindamm, Hamburg

Schildkröte Zeiss-Planetarium in Bochum

Schwangere Auster Kongresshalle, Berlin

Sing Sing Deutsche Oper, Berlin

Telespargel Berliner Fernsehturm am Alexanderplatz

Vierzylinder BMW-Museum, München

Waschmaschine Bundeskanzleramt in Berlin

Affenfelsen Hochhaus an der Ecke Gisselberger/Frankfurter Straße, Marburg

Die Lebenserwartung

Die durchschnittliche Lebenserwartung einiger Länder im Vergleich zu Deutschland:

Land	**Jahre**	**Land**	**Jahre**
Japan	80,9	Albanien	72,1
Australien	80,0	Ungarn	71,9
Schweiz	79,9	China	71,9
Schweden	79,8	Iran	70,2
Kanada	79,7	Russland	67,5
Italien	79,2	Ägypten	64,0
Frankreich	79,0	Brasilien	63,5
Griechenland	78,7	Indien	63,2
Österreich	78,0	Pakistan	61,8
Finnland	77,8	Bangladesh	60,9
Deutschland	**77,8**	Südafrika	45,4
USA	77,4	Angola	38,9
Dänemark	76,9	Kenia	37,0
Chile	76,1	Zimbabwe	36,5
Tschechien	75,0	Mozambique	35,5
Polen	73,7		

Horrorzahlen Kalorien

Jeder zweite Deutsche ist übergewichtig, etwa ein Fünftel der Bevölkerung gilt als fettleibig. Wer sich fragt, woran das liegen könnte, dem seien als Stichwort Bewegungsmangel und die folgende Tabelle empfohlen:

Big American Pizza California (490 Gramm)	1 229 Kilokalorien
Pizza Salami (320 Gramm)	892 Kilokalorien
Döner Kebab (350 Gramm)	665 Kilokalorien
Pommes frites mit Mayo (150 Gramm/20 Gramm)	574 Kilokalorien
Big Mac von McDonald's (1 Stück)	504 Kilokalorien
Currywurst (150 Gramm)	409 Kilokalorien
Cheeseburger von Burger King	327 Kilokalorien
Sundae Eis Karamel von McDonald's	281 Kilokalorien

Die Autofahrernation

Deutsche Mobilitätsgeschichte: Das gewöhnliche Volk war über Jahrhunderte zu Fuß unterwegs wie jedes Volk auf der Welt. Das Dorf und dessen näherer Umkreis war die Lebenswelt, später reiste man – wenn auch höchst selten – mit Kutsche und Eisenbahn.

Dann entdeckte der einfache Mann Fahrrad und Motorrad für sich, weil Automobile zwar verfügbar, aber unerschwinglich waren.

Doch nur wenige Jahre nach den Zerstörungen des Zweiten Weltkriegs kam Deutschland plötzlich „in die Gänge" – Automobile wurden für den Durchschnittsverdiener bezahlbar. Zwar waren es zunächst kleine, aus heutiger Sicht mitleiderregende Konstruktionen, aber immerhin: Schlecht gefahren ist besser als gut gelaufen. Und die Automobile wurden immer besser …

Leistung einiger deutscher Automobile in Pferdestärken (PS) und Kilowatt (kW)

1952	**VW Export**	30 PS / 22 kW
1953	**Porsche 356 1500 S**	70 PS / 52 kW
1955	**Mercedes 190 SL**	105 PS / 77 kW
1966	**NSU 1000 TT**	70 PS / 52 kW
1970	**Ford Capri RS 2600**	150 PS / 110 kW
1970	**BMW 2002 tii**	130 PS / 96 kW
1973	**Opel GT 1900**	90 PS / 66 kW
1975	**Opel Manta B GT/E**	105 PS / 77 kW
1979	**Nissan 280ZX**	135 PS / 99 kW
1980	**Audi Quattro**	119 PS / 88 kW
1985	**Saab 900i**	115 PS / 85 kW
1989	**Mazda MX5**	90 PS / 66 kW
1996	**Mercedes SLK**	163 PS / 120 kW
1998	**Audi TT**	150 PS / 110 kW
2000	**BMW Z8**	400 PS / 294 kW
2003	**Opel Speedster 2.0 Turbo**	200 PS / 147 kW
2004	**VW Golf GTI**	200 PS / 147 kW
2006	**Porsche 911 Carrera S**	355 PS / 261 kW

Er steht nach dem Zweiten Weltkrieg ganz am Anfang: der VW Export, gebaut 1946 bis 1960 (hier ein Fahrzeug von 1951)

Kosenamen fürs Auto

Altmetall
Asphaltblase
Benzinfresser
Bleischleuder
Bolide
Bügeleisen
Bus
Chaise
Dudu
Düsenjäger
Ente
Familienkutsche
Flitzer
Gurke
Karre
Kiste
Klapperkasten
Knutschkugel
Kreuzer
Kutsche
Leukoplastbomber
Mühle

Entwicklung der Benzinpreise in Euro

1950	Normal 28,6 Cent	
1955	Normal 32,7 Cent	
1973	Normal 35,3 Cent/Super	38,9 Cent
1976	Normal 44,7 Cent/Super	47,5 Cent
1981	Normal 70,1 Cent/Super	72,7 Cent
1988	Normal 47,1 Cent/Super	51,9 Cent
1994	Normal 77,3 Cent/Super	86,6 Cent
1999	Normal 84,1 Cent/Super	86,7 Cent
2001	Normal 100,2 Cent/Super	102,4 Cent
2005	Normal 124,3 Cent/Super	126,6 Cent
Juni 2007	Normal 136,9 Cent/Super	140,1 Cent

(Quelle: dpa 1.9.2005, Angaben 1950 bis 2005)

Männerängste in Deutschland

Vermutlich werden sich die Ängste deutscher Männer nicht wesentlich von denen anderer europäischer Männer unterscheiden – könnte man meinen. Doch beispielsweise befürchten italienische Männer deutlich mehr den Verlust mütterlicher Versorgung: 27 Prozent aller 30- bis 34-jährigen Italiener wohnen noch zu Hause bei Muttern. Junge englische Männer sollen den Augenkontakt mit Fremden fürchten und mit Aggression reagieren, während französische Herren Angst davor haben, wenig geistreich und womöglich intellektuell zurückgeblieben zu erscheinen, wenn sie Frauen werbend gegenübertreten. Und in Spanien haben männliche Kochklubs Tradition – natürlich tritt hier die Angst auf, mit der Sauce danebenzuliegen. Ein weites Feld. Befassen wir uns lieber mit ganz gewöhnlichen männlichen Ängsten in Deutschland.

Impotenz Stress und selbstbewusste Partnerinnen machen Männer Angst und führen zu tatsächlichem Versagen.

Arbeitslosigkeit Viele Männer definieren sich über den Beruf; Arbeitslosigkeit bedeutet für sie zugleich Machtverlust und persönliches Versagen.

Haarausfall Der Verlust der Haare bedeutet Alter und nachlassende Spannkraft; verheerend in einer Welt des Jugendlichkeitswahns.

Zu viel Nähe Intimität, wie Frauen sie wünschen, kollidiert mit dem Freiheitsbegriff der Männer; Geborgenheit suchen sie weniger in einer erotischen als in einer mütterlichen Frauenbeziehung.

Trennung Weil Männer ihre Beziehungen nicht pflegen, werden diese häufig von ihren Partnerinnen beendet; drei Viertel aller Trennungen gehen von der Frau aus. Droht eine Trennung, befallen Männer massive Ängste.

Weitere Ängste zu kleiner Penis, Ängste um die Versorgung der Familie bei Krankheit, zu geringe Körpergröße, zu viel Bauch, zu wenig Muskeln, das falsche Auto

Der Verbrauch einer vierköpfigen deutschen Familie im Monat

Brot	8,3 Kilogramm
Butter	1,2 Kilogramm
Eier	34 Stück
Fertiggerichte	2,8 Kilogramm
Fleischwaren	7,2 Kilogramm
Kaffee	1,2 Kilogramm
Bananen	2,9 Kilogramm
Kartoffeln	6,0 Kilogramm
Milch	18,4 Liter
Obst und Gemüse	19 Kilogramm
Reis	0,5 Kilogramm
Süßigkeiten	2,2 Kilogramm
Teigwaren	1,6 Kilogramm
Weizenmehl	1,5 Kilogramm

Der Kinderwunsch deutscher Paare

Trotz Elterngeld wollen immer mehr Paare ohne Kinder leben.

39,8 Prozent	wollen am liebsten gar keine Kinder
8,2 Prozent	wollen ein Kind
41,5 Prozent	wollen zwei Kinder
10,4 Prozent	wollen drei und mehr Kinder

Die Gründe für Kinderlosigkeit:

- schlechte Erfahrungen mit der eigenen Familie
- finanzielle Einschränkungen durch Kinder
- Beruf und Karriere stehen im Vordergrund
- Angst vor einer schmerzhaften Geburt
- das schlechte Image berufstätiger Mütter
- Angst vor den eigenen Schuldgefühlen als berufstätige Mutter

2005 wurden in Deutschland 124 000 Abtreibungen vorgenommen.

Im Durchschnitt bekommen Frauen in Deutschland etwa 1,4 Kinder.

Gefährliche Hunderassen

Bundesland	Baden-Württemberg	Bayern	Berlin	Brandenburg	Bremen	Hamburg	Hessen	Mecklenburg-Vorpommern
Alano		W		W				
American Bulldog		W					W	
American Staffordshire Terrier	●	●	■	●	■	●	■	■
Bandog		●						
Bullmastiff	W	W	■	W		W		
Bullterrier	●	W	■	●	■	●	■	■
Cane Corso		W		W				
Dobermann				W				
Dogo Argentino	W	W	■	W		W	■	
Dogue des Bordeaux	W	W		W		W		
Fila Brasileiro	W	W	■	W		W	■	
Kangal						W	■	
Kaukasischer Owtscharka						W	■	
Mastiff	W	W	■	W		W	■	
Mastin Español	W	W	■	W		W		
Mastino Napoletano	W	W	■	W		W	■	
Perro de Presa Canario		W		W				
Perro de Presa Mallorquin		W		W				
Pitbull	●	●	■	●	■	●	■	■
Rottweiler		W		W		W		
Staffordshire Bullterrier	W	●		●	■	●	■	■
Tosa Inu	W	●	■	●		W		

●: Die Rasse gilt als gefährlich.
W: Die Gefährlichkeit der Rasse wird vermutet, kann aber widerlegt werden (Wesenstest).

	Niedersachsen	Nordrhein-Westfalen	Rheinland-Pfalz	Saarland	Sachsen	Sachsen-Anhalt	Schleswig-Holstein	Thüringen	**Import**
		W							je nach Bundesland
		W							je nach Bundesland
		●	■	■	■		■		verboten
									je nach Bundesland
		W							je nach Bundesland
		●			■		■		verboten
									je nach Bundesland
									je nach Bundesland
		W							je nach Bundesland
									je nach Bundesland
		W							je nach Bundesland
									je nach Bundesland
									je nach Bundesland
		W							je nach Bundesland
		W							je nach Bundesland
		W							je nach Bundesland
									je nach Bundesland
									je nach Bundesland
		●	■	■	■		■		verboten
		W							je nach Bundesland
		●	■	■			■		verboten
		W							je nach Bundesland

■: Die Rasse ist als gefährlich aufgeführt, ein Wesenstest ist in diesem Bundesland nicht möglich.

Die deutsche Unterschicht

Im Oktober 2006 wurde eine Studie der SPD-nahen Friedrich-Ebert-Stiftung, die auf einer Umfrage des Instituts TNS-Infratest basiert, vorgestellt, die sich mit der Unterschicht in Deutschland beschäftigt. Immerhin acht Prozent der Bundesbürger werden danach einer neuen gesellschaftlichen Unterschicht zugerechnet.

Allerdings sind es in den westlichen Bundesländern nur etwa vier Prozent, dafür aber in Ostdeutschland um die zwanzig Prozent der Bevölkerung. Kennzeichnend für die Unterschicht seien vor allem unsichere Arbeitsverhältnisse, die diese Menschen in prekäre Lebenslagen bringen und Passivität zur Folge haben.

Haustiere in Deutschland

Während bei den menschlichen Bundesbürgern die Geburtenrate stetig sinkt, strebt die Zahl der Haustiere in Deutschland nach oben – der Haustierbestand wächst.

2002 wurden 22 700 00 Millionen Haustiere in Deutschland gehalten.*

2004 waren es 23 100 000 Millionen Tiere.*

Durchschnittlich jeder zweite Haushalt hält demnach ein Tier, davon sind:

7,2 Millionen Katzen
5,8 Millionen Kleintiere (Kaninchen, Meerschweinchen, Hamster, Mäuse usw.)
5,0 Millionen Hunde
4,7 Millionen Vögel

*Aquarienfische nicht mitgerechnet

Deutsche Popstars
(männlich)

Interpret	bekanntester Titel
Andy Borg	Komm setz di auf an Sonnenstrahl
Ben	Engel
Bernhard Brink	Liebe auf Zeit
Bill Ramsey	Wumba, Tumba, Schokoladeneisverkäufer
Chris Roberts	Die Maschen der Mädchen
Drafi Deutscher	Marmor, Stein und Eisen bricht
Frank Zander	Der Ur-Ur-Enkel von Frankenstein
Gottlieb Wendehals	Polonäse Blankenese
Gus Backus	Da sprach der alte Häuptling der Indianer
Heinz Rudolf Kunze	Finden Sie Mabel
Helge Schneider	Katzeklo
Herbert Grönemeyer	Bochum
Howard Carpendale	Das schöne Mädchen von Seite Eins
Ivan Rebroff	Kalinka
Jürgen Drews	Ein Bett im Kornfeld
Jürgen Marcus	Schmetterlinge können nicht weinen
Karel Gott	Maja!
Klaus Lage	1000 Mal berührt
Matthias Reim	Verdammt, ich lieb Dich
Nino de Angelo	Jenseits von Eden
Peter Alexander	Das machen nur die Beine von Dolores
Peter Kraus	Sugar Baby
Peter Maffay	Über sieben Brücken musst du gehen
Peter Orloff	Das schönste Mädchen der Welt
Reinhard Mey	Über den Wolken
Rio Reiser	König von Deutschland
Roberto Blanco	Ein bisschen Spaß muss sein
Roland Kaiser	Hunderttausend Fragen
Roy Black	Du bist nicht allein
Sasha	If You Believe
Stefan Waggershausen	Sie ist wieder da
Ted Herold	Ich bin ein Wanderer
Udo Jürgens	Aber bitte mit Sahne
Udo Lindenberg	Sonderzug nach Pankow
Marius Müller-Westernhagen	Sexy
Wolfgang Petry	Die längste Single der Welt
Xavier Naidoo	Was wir alleine nicht schaffen

Deutsche Popstars
(weiblich)

Interpretin	bekanntester Titel
Andrea Jürgens	Ich bin verrückt nach Liebe
Caterina Valente	Wo meine Sonne scheint
Claudia Jung	Komm und tanz ein letztes Mal mit mir
Conny Froboess	Pack die Badehose ein
Daliah Lavi	Oh, wann kommst du?
Die Jacob Sisters	Ein bisschen Licht, ein bisschen Luft, ein bisschen Sonnenschein
Gaby Baginski	Baila, baila, tanz heut Nacht für mich
Gitte Henning	Ich will 'nen Cowboy als Mann
Hildegard Knef	Für mich soll's rote Rosen regnen
Ina Deter	Neue Männer braucht das Land
Joy Flemming	Neckarbrückenblues
Juliane Werding	Am Tag, als Conny Kramer starb
Lale Andersen	Lili Marleen
Marianne Rosenberg	Er gehört zu mir
Mary Roos	Das hat die Welt noch nicht erlebt
Michelle	Vielleicht nur einmal im Leben
Nana Mouskouri	Weiße Rosen aus Athen
Nena	99 Luftballons
Nicole	Ein bisschen Frieden
Nina Hagen	Ich glotz TV
Sarah Connor	From Sarah With Love
Trude Herr	Ich will keine Schokolade
Ulla Meinecke	Der Stolz italienischer Frauen
Vicky Leandros	Theo, wir fahren nach Lodz
Wencke Myrhe	Er hat ein knallrotes Gummiboot!
Yvonne Catterfeld	Eine Welt ohne dich

Gehälter in Deutschland

Über nichts reden die Deutschen weniger gern als über die Höhe ihres Einkommens. Während ein US-Amerikaner ganz locker Summen nennt, verklemmt sich im deutschen Hirn irgendetwas, wenn es an Zahlen geht. Deshalb sind Auskünfte über individuelle deutsche Gehälter meist nur schwierig zu erhalten. Deshalb hier nur ein allgemeiner Überblick:

Beruf	**Einkommen monatlich Bruttogrundvergütung**	**Anmerkungen**
Vorstandsvorsitzender (internationales Unternehmen)	ca. 991 000 Euro	nach Selbstauskunft von Josef Ackermann 2006
Fernsehmoderator	ca. 450 000 Euro	erfolgreich, geschätzt
Model	ca. 400 000 Euro	erfolgreich, geschätzt
Profi-Fußballer	ca. 300 000 Euro	erfolgreich, geschätzt
Geschäftsführer (große Firma)	ca. 40 000 Euro	
Schauspielerin	ca. 27 500 Euro	TV, Deutschland, geschätzt
Geschäftsführer (kleine Firma)	ca. 15 000 Euro	
Bundestags-abgeordnete(r)	ca. 7 000 Euro	zzgl. 3 647 Euro Kostenpauschale
Accountmanager	ca. 20 000 bis 200 000 Euro	Werbung, erfolgsabhängig

Oberarzt	ca. 6 000 bis 6 800 Euro	
Facharzt	ca. 4 500 bis 6 900 Euro	
Assistenzarzt	ca. 2 300 bis 2 800 Euro	
Abteilungsleiter Großhandel	ca. 3 400 Euro	
Administrator (EDV)	ca. 3 400 Euro bis 3 800 Euro	
Betriebsingenieur	ca. 3 800 Euro	
Angestellter, ledig	ca. 3 500 Euro	netto 1 900 Euro
Angestellter, verheiratet, 2 Kinder, 1 Einkommen	ca. 3 900 Euro	netto 2 900 Euro
Arbeiter, ledig	ca. 2 600 Euro	netto 1 550 Euro
Arbeiter, verheiratet, 2 Kinder, 1 Einkommen	ca. 2 700 Euro	netto 2 300 Euro
Bürokauffrau	ca. 1 700 bis 2 400 Euro	
Altenpflegehelfer	ca. 1 500 bis 2 000 Euro	
Schauspieler (Theater)	ca. 1 500 Euro	
Friseur	ca. 780 Euro	
Abt	0 Euro	ordensübliche Versorgung

Größere deutsche Firmenpleiten

Jedes Jahr gehen in Deutschland etwa 100 000 Unternehmen in die Insolvenz. Besonders wenn es größere Konzerne sind, die ihren Verpflichtungen nicht mehr nachkommen können, gehen viele Arbeitsplätze verloren, die in ihrer Region meist nur schwer zu ersetzen sind.

Zeitpunkt	**Firma**
1961	**Borgward** (Autobauer)
1974	**Herstatt-Bank**
1981	**Rollei** (Foto)
1982	**AEG-Telefunken** (Elektrokonzern)
1983	**IBH-Holding** (Baumaschinen)
1994	**Schneider-Gruppe** (Baukonzern)
1994	**Balsam AG** (Sportböden)

1996	**Bremer Vulkan** (Schiffbauer)
	ASS (Spielkarten)
2000	**FlowTex** (Bohrsystemvermieter)
	Gigabell (Internet Service Provider)
2001	**Kinowelt** (Filmkonzern)
2002	**Kaufring** (Kaufhauskette)
	Phenomedia (Software)
	Elsa (EDV-Zubehör)
	Spinnrad (Kosmetik, Wasch- und Reinigungsmittel)
	Schneider (Fernsehgeräte)
	Philipp Holzmann AG (Baukonzern)
	Fairchild Dornier (Flugzeugbauer)
	Herlitz (Schreibwaren)
	Kirch-Media (Fernsehkonzern)
	Photo Porst (Fotokette)
	Babcock Borsig (Maschinenbau)
2003	**Grundig** (Elektrokonzern)
	B.TV (Fernsehsender)
	Aero Lloyd (Fluglinie)
2004	**Senator** (Filmkonzern)
	UFA Theater (Filmkette)
	Salamander (Schuhhersteller)
	BTV4U (Fernsehsender)
2005	**Walter Bau AG** (Baukonzern)
	100,6 (privater Radiosender)
	Agfa Photo (Fotounternehmen)
	Interflug (Reiseveranstalter)
2006	**Heros** (Geldtransporte)
	Mega/VISION (Fernsehsender)
	FEAG (Siemens-Tochter)
	Georg von Opel (Fahrzeughändler)
	BenQ Mobile Deutschland (Mobiltelefone)

Sehr seltsame Ortsnamen

Nomen est omen – nicht nur die Namen von Menschen verraten etwas über ihre Person, so nimmt man an. Auch wer die folgenden Namen von Ortschaften interpretiert, könnte zu mancherlei Schlüssen kommen. Ob diese allerdings Realitäten beschreiben, ist fraglich. Mancher wohnt ganz unschuldig zum Beispiel in Deppendorf.

A

Affendorf Teil der Gemeinde Asendorf, Landkreis Diepholz, Niedersachsen

Afrika Teil der Gemeinde Flieth-Stegelitz, Landkreis Uckermark, Brandenburg

Ägypten Teil der Gemeinde Neuenkirchen, Landkreis Osnabrück, Niedersachsen

Aha Teil der Stadt Gunzenhausen, Landkreis Weißenburg-Gunzenhausen, Bayern

Amtsknechtswahn Teil der Gemeinde Much, Kreis Siegburg, Nordrhein-Westfalen

Aua Teil der Gemeinde Neuenstein, Landkreis Hersfeld-Rotenburg, Hessen

B

Beule Teil der Gemeinde Oberreute, Landkreis Lindau, Bayern

Beutelsau Stadtteil von Wangen im Allgäu, Landkreis Ravensburg, Baden-Württemberg

Bierhütte Teil der Gemeinde Hohenau, Landkreis Freyung-Grafenau, Bayern

Brechen Kreis Limburg, Hessen

Büchsenschinken Teil der Stadt Reinbek, Kreis Stormarn, Schleswig-Holstein

Buntekuh Stadtteil von Lübeck, Schleswig-Holstein

C

Cyriax Teil von Overath, Nordrhein-Westfalen

D

Dagobertshausen Teil von Marburg, Landkreis Marburg-Biedenkopf, Hessen

Dankbar Teil der Stadt Ochtrup, Kreis Steinfurt, Nordrhein-Westfalen

Drogen Gemeinde, Landkreis Altenburger Land, Thüringen

Durchmarsch Teil von Kürten im Rheinisch-Bergischen Kreis, Nordrhein-Westfalen

E

Ehrenzipfel Teil von Rittersgrün, Sachsen

Eiterbach Teil von Heiligkreuzsteinach, Baden-Württemberg

F

Faulebutter Teil der Gemeinde Finnentrop, Kreis Olpe, Nordrhein-Westfalen

Fegefeuer Teil der Gemeinde Melsdorf, Kreis Rendsburg-Eckernförde, Schleswig-Holstein

Feierabend zu Hennstedt, Kreis Dithmarschen, Schleswig-Holstein

Frohe Zukunft Stadtteil der Großstadt Halle (Saale), Sachsen-Anhalt

G

Gabe Gottes Thüringen

Gegend Teil von Mehring, Landkreis Altötting, Bayern

Gewissensruh Teil der Gemeinde Oberweser, Landkreis Kassel, Hessen

H

Habenichts Ortschaft von Wermelskirchen, Nordrhein-Westfalen

Halbe Welt Landkreis Neumarkt in der Oberpfalz, Bayern

Hammelstall Gemeindeteil von Brüssow/Uckermark, Brandenburg

Hölle Teil von Naila im Frankenwald, Bayern

Holzweg Teil von Attendorn, Sauerland, Nordrhein-Westfalen

Hühnernest Teil von Würselen, Kreis Aachen, Nordrhein-Westfalen

I

Igelsloch Teil der Gemeinde Oberreichenbach, Landkreis Calw, Baden-Württemberg

J

Jammertal Weiler der Gemeinde Datteln, Kreis Recklinghausen, Nordrhein-Westfalen

Jux Teil von Spiegelberg im Rems-Murr-Kreis, Baden-Württemberg

K

Kamerun Teil von Damnatz, Niedersachsen

Kanada Teil von Münchenbernsdorf, Thüringen

Katzenhirn Weiler bei Kirchdorf/Mindelheim, Landkreis Unterallgäu, Bayern

Knochenmühle Ort bei Karlsruhe, Baden-Württemberg

Königreich Teil von Jork, Landkreis Stade, Niedersachsen

Kotzen Gemeinde im Landkreis Havelland, Brandenburg

Krempel Gemeinde im Kreis Dithmarschen, Schleswig-Holstein

L

Langweiler abgebaggerter Teil der Gemeinde Aldenhoven, Kreis Düren, Nordrhein-Westfalen

Lieblos Teil von Gründau bei Gelnhausen, Hessen

Linsengericht südlich von Gründau-Lieblos, Hessen

Lüge Teil der Gemeinde Fleetmark im Altmarkkreis Salzwedel, Sachsen-Anhalt

Lustiger Strumpf Teil von Buchhorst im Herzogtum Lauenburg, Schleswig-Holstein

M

Morgenland in der Nähe von Templin, Brandenburg

Mückenloch Teil von Neckargemünd, Baden-Württemberg

Mülldorf Teil von Sankt Augustin im Rhein-Sieg-Kreis, Nordrhein-Westfalen

N

Niesen Stadtteil von Willebadessen, Nordrhein-Westfalen

Notschrei Teil der Stadt Todtnau, Landkreis Lörrach, Baden-Württemberg

O

Ochsenschenkel Landkreis Erlangen-Höchstadt, Bayern

Oha Teil von Ascheberg, Schleswig-Holstein

P

Petting Gemeinde im Landkreis Traunstein, Bayern

Pissen Teil der Gemeinde Rodden, Landkreis Merseburg-Querfurt, Sachsen-Anhalt

Pixel Teil von Herzebrock-Clarholz, Kreis Gütersloh, Nordrhein-Westfalen

Pudel Teil der Gemeinde Spreenhagen, Landkreis Oder-Spree, Brandenburg

Pups Gemeinde Feldkirchen-Westerham, Bayern

Q

Quassel Stadtteil von Lübtheen, Landkreis Ludwigslust, Mecklenburg-Vorpommern

R

Regenmantel Teil von Falkenhagen (Mark), Brandenburg

Reißaus Teil von Reichenbach/Oberlausitz, Sachsen

Rosa Gemeinde im Landkreis Schmalkalden-Meiningen, Thüringen

Rostig Teil der Stadt Großenhain, Sachsen

Rüssel Teil der Gemeinde Ankum, Landkreis Osnabrück, Niedersachsen

S

Saurasen Teil von Ritterode bei Hettstedt, Sachsen-Anhalt

Schabernack Teil der Stadt Windeck, Nordrhein-Westfalen

Schmalzgrube Stadtteil von Jöhstadt, Sachsen

Schmerz Teil der Gemeinde Gossa, Landkreis Bitterfeld, Sachsen-Anhalt

Schwarzer Kater Teil der Gemeinde Dahlen, Landkreis Torgau-Oschatz, Sachsen

Sibirien Teil von Elmshorn, Schleswig-Holstein

Siehdichum Landkreis Oder-Spree, Brandenburg

Sklavenhaus Teil der Gemeinde Osterhever, Kreis Nordfriesland, Schleswig-Holstein

Sommerloch Gemeinde im Landkreis Bad Kreuznach, Rheinland-Pfalz

Spinnenhirn Teil von Schlier, Landkreis Ravensburg, Baden-Württemberg

Stinkviertel Stadtteil von Kiel, Schleswig-Holstein

T

Texas bei Boffzen Landkreis Holzminden, Niedersachsen

Torfmoorhölle Teil von Weißenstadt im Fichtelgebirge, Bayern

Transvaal Ortsteil von Herten, Nordrhein-Westfalen

Troja Teil der Gemeinde Lärz, Landkreis Müritz, Mecklenburg-Vorpommern

Türkei Teil der Stadt Crailsheim, Landkreis Schwäbisch Hall, Baden-Württemberg

Twist Gemeinde im Landkreis Emsland, Niedersachsen

U

Umweg Teil von Marktl am Inn, Landkreis Altötting, Bayern

Ungnade Teil von Papenhagen, Landkreis Nordvorpommern, Mecklenburg-Vorpommern

Unkraut Teil von Haldenwang, Landkreis Oberallgäu, Bayern

Unterkaka Gemeinde im Burgenlandkreis, Sachsen-Anhalt

V

Venedig Teil von Nabburg, Bayern

Verlorenwasser Teil der Stadt Belzig, Landkreis Potsdam-Mittelmark, Brandenburg

Vorderes Elend Teil von Münstertal/Hochschwarzwald, Baden-Württemberg

W

Waldhexe Teil von Schwalbach, Landkreis Saarlouis, Saarland

Warzen Teil von Alfeld, Landkreis Hildesheim, Niedersachsen

Wassersuppe Teil von Seeblick, Havelland, Brandenburg

Wehe Teil der Gemeinde Rahden, Kreis Minden-Lübbecke, Nordrhein-Westfalen

Weitewelt Teil von Seedorf, Kreis Segeberg, Schleswig-Holstein

Witzwort Nordfriesland, Schleswig-Holstein

Wurmrausch Weiler in der Gemeinde Birgland, Landkreis Amberg-Sulzbach, Bayern

Wüstenbrand Stadtteil von Hohenstein-Ernstthal, Sachsen

Z

Zuflucht Teil der Gemeinde Bad Peterstal-Griesbach, Ortenaukreis, Baden-Württemberg

Zweifelsheim Teil der Stadt Herzogenaurach, Landkreis Erlangen-Höchstadt, Bayern

Zwickmühle beim Naturschutzgebiet *Himmelsberg* in Hosenfeld, Hessen

www.wanderbares-deutschland.de

Die obige Internetadresse ist Programm: Die Deutschen wandern wie kein anderes Volk. Überhaupt liegt die Fortbewegung zu Fuß voll im Trend – wenn nicht traditionell motiviert, dann ausgerüstet mit zwei Leichtmetallstangen als Nordic Walking. Gehörte vor zwanzig Jahren der deutsche Wald und angrenzende Naturregionen noch Rehen und Wildschweinen, so sind heute an schönen Wochenenden bis zu zwei Millionen wandernde Naturliebhaber auf dem Weg zur nächsten Brotzeit auf der Hütte oder ins Wanderhotel auf dem Bauernhof. Das Gepäck kommt nach, versteht sich.

Gerichte regionaler Küche

Eines ist sicher: Über Langeweile beim Essen kann sich in Deutschland niemand beklagen. Auf einer ausgiebigen Deutschlandreise könnte man die folgenden Gerichte nacheinander zu sich nehmen und genießen – und käme vermutlich um etliche kulinarische Erfahrungen und einige Kilo schwerer am Ausgangspunkt seiner Reise wieder an.

Bamberger Zwiebeln	Franken
Birnen, Bohnen und Speck	Norddeutschland
Blaue Zipfel	Franken
Bratwürstchen	Franken
Buchweizengrütze	Schleswig-Holstein
Bulette	Berlin
Currywurst	Berlin, Ruhrgebiet
Dibbelabbes	Saarland
Dippehas	Pfalz
Dithmarscher Mehlbeutel	Norddeutschland
Dresdner Stollen	Sachsen
Eierschecke	Sachsen
Felchen	Bodensee
Flammkuchen	Baden, Pfalz, Saarland
Gaisburger Marsch	Schwaben
Germknödel	Bayern
Grüne Sauce	Frankfurt
Grünkohl mit Pinkel	Norddeutschland
Halve Hahn	Rheinland
Hamburger Aalsuppe	Hamburg
Handkäs mit Musik	Hessen
Hasenpfeffer	Westfalen
Hoppel-Poppel	Brandenburg
Kässpätzle	Schwaben
Kirschenmichel	Saarland
Kirschtorte	Schwarzwald
Labskaus oder Lübecker National	Norddeutschland
Leberkäs	Bayern
Leberknödel	Bayern
Leipziger Allerlei	Sachsen
Letscho	Ostdeutschland

Leipziger Allerlei

Linsen mit Spätzle	Schwaben
Maultaschen	Schwaben
Nürnberger Gwärch	Franken
Ochsenmaulsalat	Schwaben
Panhas	Westfalen
Pfälzer Saumagen	Pfalz
Pfefferpotthast	Westfalen
Pickert	Westfalen
Rheinischer Sauerbraten	Rheinland
Halberstädter Würstchen	Sachsen-Anhalt
Schäufele mit Kartoffelknödeln	Franken
Schneckensuppe	Baden
Schupfnudeln (Buwespitzle)	Saarland
Schwäbischer Wurstsalat	Schwaben
Schweinsbraten	Bayern
Soleier	Berlin
Soljanka	Ostdeutschland
Spätzle	Schwaben
Thüringer Rostbratwürste	Thüringen
Zwiebelrostbraten	Schwaben

Die ewige Hitparade der Marschmusik

Die Titelliste der gleichnamigen Musik-CD veröffentlicht 1993:

1 **Gruß an Kiel** Stabsmusikkorps der Bundeswehr

2 **Yorkscher Marsch** Großes Musikkorps des Heeres

3 **Alte Kameraden** Stabsmusikkorps des Heeres

4 **Preußens Gloria** Heeresmusikkorps

5 **Königgrätzer Marsch** Stabsmusikkorps des Heeres

6 **Deutschmeister Regimentsmarsch** Großes Musikkorps des Heeres

7 **Der Hohenfriedberger** Heeresmusikkorps

8 **Hoch Heidecksburg** Stabsmusikkorps des Heeres

9 **Großer Zapfenstreich** Heeresmusikkorps Hannover

10 **Fehrbelliner Reitermarsch** Musikkorps der Bundeswehr

11 **Alexander Marsch** Heeresmusikkorps

12 **Des Großen Kurfürsten Reitermarsch** Heeresmusikkorps

13 **Fridericus Rex** Das große Marschmusikkorps

14 **Radetzky-Marsch** Korps der österreichischen Gebirgsjäger

15 **Kaiserjäger-Marsch** Heeresmusikkorps

Fremdenfeindliche Übergriffe

Immer mehr rechte Übergriffe in Berlin

„Die Opferberatungsstelle Reach Out *verzeichnet einen deutlichen Anstieg rechtsextremer Übergriffe in Berlin. Im vergangenen Jahr habe es 145 rassistische, antisemitische und fremdenfeindliche Angriffe in der Stadt gegeben. Die Zahl der bekannt gewordenen rechten Gewalttaten ist somit gestiegen, 2005 dokumentierte die Beratungsstelle 113 solche Taten. 'Wir rechnen noch mit Nachmeldungen für 2006', sagte Sabine Seyb von* Reach Out, *'Die Polizei wertet offizielle Zahlen für 2006 noch aus. Sie sollen demnächst veröffentlicht werden.'"*

Der Tagesspiegel, 13.1.2007

Deutsche Großstädte nach Einwohnerzahl

3 388 000	Berlin
1 734 000	Hamburg
1 247 000	München
1 023 000	Köln
643 000	Frankfurt am Main
590 000	Dortmund
589 000	Stuttgart
573 000	Düsseldorf
549 000	Bremen
549 000	Essen
516 000	Hannover
506 000	Duisburg
497 000	Leipzig
494 000	Nürnberg
483 000	Dresden
387 000	Bochum
362 000	Wuppertal
328 000	Bielefeld
311 000	Bonn
308 000	Mannheim
283 000	Karlsruhe
272 000	Gelsenkirchen
272 000	Wiesbaden
270 000	Münster
262 000	Mönchengladbach
260 000	Aachen
260 000	Augsburg
250 000	Chemnitz
245 000	Braunschweig
240 000	Halle an der Saale
239 000	Krefeld
233 000	Kiel
228 000	Magdeburg
220 000	Oberhausen
213 000	Lübeck
212 000	Freiburg im Breisgau
202 000	Erfurt
200 000	Hagen in Westfalen
198 000	Rostock
194 000	Kassel
186 000	Mainz
185 000	Hamm
182 000	Saarbrücken
173 000	Herne
171 000	Mülheim an der Ruhr
166 000	Osnabrück
165 000	Solingen
163 000	Ludwigshafen am Rhein
162 000	Leverkusen
158 000	Oldenburg
152 000	Neuss
145 000	Potsdam
143 000	Heidelberg
142 000	Paderborn
140 000	Darmstadt
133 000	Würzburg
129 000	Regensburg
123 000	Göttingen
123 000	Recklinghausen
123 000	Wolfsburg
121 000	Heilbronn
120 000	Bottrop
120 000	Ingolstadt
120 000	Ulm
119 000	Offenbach am Main
119 000	Pforzheim
118 000	Bremerhaven
118 000	Remscheid
112 000	Reutlingen
111 000	Fürth
110 000	Salzgitter

108 000	Koblenz
108 000	Moers
108 000	Siegen
107 000	Cottbus
106 000	Bergisch Gladbach
106 000	Gera
103 000	Hildesheim
103 000	Jena
102 000	Erlangen
102 000	Witten
100 000	Trier
100 000	Zwickau
99 000	Kaiserslautern
98 000	Schwerin
85 000	Flensburg
85 000	Wilhelmshaven
78 000	Dessau
70 000	Plauen
59 000	Görlitz

Deutsche Freizeitkleidung

(Stereotyp 2007)

Der gute alte Universaltrainingsanzug hat ausgedient. Deutschland zelebriert Freizeit und Sport in völlig neuer Bekleidung:

Caprihose • Clubwear • Fitnesshose • Fleece-Jacken • Jazz-Pants • Langlaufhose • Laufhose • Laufschuhe • Laufshirt • Lauftights • Neckholder-Bikini • Radhosen • Skihose • Snowboardhose • Sportleggings • Streetwear • Sweatshirts • Tanktop • Trainingshose • Trekkinghose • Trekkingschuhe • Triangel-Bikini • T-Shirts • Walkingschuhe • Zipphosen

Die Komiker und Humoristen der Jahrzehnte

Karl Valentin, 1882–1948
Liesl Karlstadt, 1892–1960
Theo Lingen, 1903–1978
Heinz Erhardt, 1909–1979
Eberhard Cohrs, 1921–1999
Günter Neuss, 1923
Loriot, 1923
Eddie Arent, 1925
Dieter „Didi" Hallervorden, 1935
Karl Dall, 1941
Jürgen von der Lippe, 1948
Dr. Stratmann, 1948
Otto Waalkes, 1948
Gerd Dudenhöffer, 1949
Mike Krüger, 1951
Christian Tramitz, 1955
Hans Werner Olm, 1955
Helge Schneider, 1955
Olli Dietrich, 1956
Tom Gerhardt, 1957
Ingolf Lück, 1958
Hella von Sinnen, 1959
Jörg Knör, 1959
Dieter Nuhr, 1960
Markus Maria Profitlich, 1960
Dirk Bach, 1961
Gabi Köster, 1961
Urban Priol, 1961
Cordula Stratmann, 1963
Hape Kerkeling, 1964
Rüdiger Hoffmann, 1964
Anke Engelke, 1965
Atze Schröder, 1965
Oliver Kalkofe, 1965
Christoph Maria Herbst, 1966
Michael Mittermeier, 1966
Ingo Appelt, 1967
Bully Herbig, 1968
Richard „Rick" Kavanian, 1971
Bastian Pastewka, 1972
Mario Barth, 1972
Oliver Pocher, 1978

Wörter des Jahres

Seit 1971 werden die Wörter des Jahres von der Gesellschaft für deutsche Sprache (GfdS) in Wiesbaden gewählt, veröffentlicht und seit 1978 im *Sprachdienst* publiziert. Die fett gedruckten Wörter kennzeichnen den jeweiligen Sieger, die mager gesetzten benennen weitere Wörter, die in der engeren Auswahl waren.

2006 **Fanmeile** • Generation Praktikum • Karikaturenstreit • Rechtschreibfrieden • Prekariat • Bezahlstudium • Problembär • Poloniumspuren • Klinsmänner • schwarz-rot-geil!

2005 **Bundeskanzlerin** • Wir sind Papst • Tsunami • Heuschrecken • Gammelfleisch • Jamaika-Koalition • hoyzern • suboptimal • Telenovela • FC Deutschland 06

2004 **Hartz IV** • Parallelgesellschaften • Pisa-gebeutelte Nation • gefühlte Armut • Ekelfernsehen • Praxisgebühr • Ein-Euro-Job • aufgestellt • Rehakles

2003 **das alte Europa** • Agenda 2010 • Reformstreit • SARS/ Sars • eingebettete Journalisten • Maut-Desaster • Steuerbegünstigungsabbaugesetz • Jahrhundertglut • googeln • Alcopops • *Deutschland sucht den Superstar* (DSDS)

2002 **Teuro** • PISA-Schock • Jahrtausendflut • Kakophonie • Ich-AG • Bush-Krieger • Job-Floater • verhunzingern • Arzneimittelausgabenbegrenzungsgesetz • „Es gibt nur ein' Rudi Völler!"

2001 **der 11. September** • Anti-Terror-Krieg • Milzbrandattacke • Schläfer • Stammzellenimport • Schlafmünzen • Homo-Ehe • Agrarwende • Luderliga • Riester-Rente • simsen • Und das ist (auch) gut so!

2000 **Schwarzgeldaffäre** • BSE-Krise • Greencard • gegen Rechts • SMS • Kampfhund • brutalstmöglich • Leitkultur • Big-Brother-Haus • basta

1999 **Millennium** • Kosovokrieg • Generation @ • Euroland • nachbessern • Doppelpass • Anderkonto • feindliche Übernahme • Sofi • Rindfleischetikettierungsüberwachungsaufgabenübertragungsgesetz

1998 **Rot-Grün** • Viagra • neue Mitte • „Ich habe fertig!“ • Event • jahr-2000-fähig • Cousinenwirtschaft • Moralkeule • Euroland • Ökosteuer • nachhaltig • „piep, piep, piep“

1997 **Reformstau** • Ruck durch Deutschland • Bildungsmisere • Klonschaf • Elchtest • Tamagotchi • Jahrhundertflut • Paparazzi • Arbeitsgesellschaft

1996 **Sparpaket** • Haushaltslöcher • Lohnfortzahlung • Globalisierung • Homepage • Rechtschreibreform • genmanipuliert • Kinderschänder • Inline-Skating • Ladenschluss

1995 **Multimedia** • Eurogeld • Kruzifixurteil • Reichtagsverhüllung • Kampfeinsatz • anklicken (mit der Computermaus) • virtuelle Realität • Datenautobahn • Wir sind Kirche • Rechtschreibreform

1994 **Superwahljahr** • Jackpot • Unwort • Osterweiterung • Filosofie • schlanker Staat • Peanuts • bezahlbar • Zukunftsministerium • rote Socken

1993 **Sozialabbau** • Standort Deutschland • Blutskandal • Amigo-Affäre • Pflege (Pflegeversicherung) • umdenken • großer Lauschangriff • Asylkompromiss • Ostalgie • Dino

1992 **Politikverdrossenheit** • Fremdenhass • Rassismus • Rechtsruck • Lichterkette • Solidarpakt • gaucken • Maastricht • ethnische Säuberung • Blauhelmeinsatz • outen, Outing • Erlanger Baby

1991 **Besserwessi** • abwickeln • Kurzarbeit Null • Ausländerhass • Stasisyndrom • Wohlstandsmauer • chirurgische Kriegführung • Pax americana • Kein Blut für Öl • Preußenfieber • Autodiät, Mülldiät • Solidaritätszuschlag

1990 **die neuen Bundesländer** • vereintes Deutschland • 2+4-Gespräche • polnische Westgrenze • sozial abfedern • menschliche Schutzschilde • Verpackungsflut • Verkehrsinfarkt • Tatortprinzip, Wohnortprinzip

1989 **Reisefreiheit** • BRDDR • Montagsdemonstrationen • chinesische Lösung • Flüchtlingsstrom • Begrüßungsgeld • runder Tisch • multikulturell • Mauerspecht • Trabi

1988 **Gesundheitsreform** • Robbensterben • Kälbermastskandal • Atommüllskandal • Tiefflug • Reichskristallnacht, Reichspogromnacht • Europäischer Binnenmarkt

1987 **Aids, Kondom** • Perestroika, Glasnost • Waterkantgate • Ozonloch • Molkepulver • Handlungsbedarf • Kremlflieger • Dienstleistungsabend

1986 **Tschernobyl** • Havarie • Super-Gau • Historikerstreit

1985 **Glykol** • SDI • Eureka • High-Tech • D1 • Aids • Realo; Rambo

1984 **Umweltauto** • Formaldehyd • Neidsteuer • Tempolimit • Bananenrepublik • Tiefkühlbaby

1983 **heißer Herbst** • Volksaushorchung • Zündi • Waldsterben

1982 **Ellenbogengesellschaft** • Wende • Mitte • Talfahrt der Wirtschaft • Arbeitslosigkeit • sparen • Ausländer • Entrüstet euch! • Neue deutsche Welle

1981 **Nulllösung** • Sommertheater • (rett)bar • Zweierkiste • Schrägstrichehe • draufsatteln • Job-sharing

1980 **Rasterfahndung** • Asylant • Instandbesetzer • Arbeitsbegräbnis • Olympiaboykott • auf Probe

1979 **Holocaust** • Boat people • Nachrüstung • Ölschock • alternativ

1978 **konspirative Wohnung** • die Grünen • Geisterfahrer • Rooming-in • die Schlümpfe • Disco • Single

1977 **Szene** • Terrorismus/Terrorist • Sympathisant • Entsorgung • Lauschangriff • Black-out

1971 **aufmüpfig** • Junktim • Umweltschutz • Umweltverschmutzung • Nostalgie • heiße Höschen

Deutsche Sportlegenden – mal anders ausgewählt

Die unten stehende Liste ist ein Ergebnis des kollektiven Gedächtnisses: An diese deutschen Sportler vergangener Tage konnte sich eine Gesprächsrunde an einem Sonntagnachmittag in Deutschland spontan erinnern.

Franziska von Almsick	Schwimmen
Franz Beckenbauer	Fußball
Boris Becker	Tennis
Dieter Braun	Motorradrennsport
Steffi Graf	Tennis
Michael Groß	Schwimmen
Bernd Hölzenbein	Fußball
Marika Kilius	Eiskunstlauf
Lothar Matthäus	Fußball
Gerd Müller	Fußball
Peter „de Aap" Müller	Boxen
Josef Neckermann	Dressurreiten
Günter Netzer	Fußball
Wolfgang Overath	Fußball
Helmut Pradl	Motorradrennsport
Helmut Rahn	Fußball
Walter Röhrl	Rallyesport
Karl-Heinz Rummenige	Fußball
Max Schmeling	Boxen
Paul Schockemöhle	Springreiten
Michael Schumacher	Formel 1
Uwe Seeler	Fußball
Toni Turek	Fußball
Fritz Walter	Fußball
Katarina Witt	Eiskunstlauf

Die zehn höchsten deutschen Gipfel

1.	**Zugspitze**	2 962 Meter	Wettersteingebirge
2.	**Schneefernerkopf**	2 875 Meter	Wettersteingebirge
3.	**Wetterspitzen**	2 747 Meter	Wettersteingebirge
4.	**Hochwanner**	2 746 Meter	Wettersteingebirge
5.	**Mittlere Höllentalspitze**	2 740 Meter	Wettersteingebirge
6.	**Watzmann-Mittelspitze**	2 713 Meter	Berchtesgadener Alpen
7.	**Watzmann-Südspitze**	2 712 Meter	Berchtesgadener Alpen
8.	**Hochblassen**	2 703 Meter	Wettersteingebirge
9.	**Leutascher Dreitorspitze**	2 682 Meter	Wettersteingebirge
10.	**Plattspitzen**	2 679 Meter	Wettersteingebirge

Prostitution in Deutschland

Nach Schätzungen der Bundesregierung sind im Bundesgebiet etwa 400 000 Frauen in der Prostitution tätig. 1,2 bis 1,5 Millionen Männer erwerben täglich sexuelle Dienstleistungen von Prostituierten. Der Jahresumsatz in der Prostitution liegt bei etwa 14,5 Milliarden Euro.

Seit 2003 ist Prostitution in Deutschland legalisiert. *Prostituierte* ist ein Beruf, wer ihn ausübt, kann sich kranken- und rentenversichern. Dies trifft jedoch nicht für Frauen zu, die sich illegal in Deutschland aufhalten und ohne gültige Papiere arbeiten.

Etwa die Hälfte der Prostituierten sind Migrantinnen, Frauen aus Nicht-EU-Staaten, die in diesem Lande nur mit einem Touristenvisum oder ohne jede Aufenthaltserlaubnis bleiben. Sie kommen aus Osteuropa (56 Prozent), Lateinamerika (16 Prozent), Afrika (16 Prozent) und Südostasien (12 Prozent).

Eine Prostituierte nimmt zwischen 200 bis 300 Euro am Tag ein. Dennoch beträgt das erzielte durchschnittliche Monatseinkommen nur etwa 1 000 bis 1 500 Euro. Für die Prostitution bereitgestellte Wohnungen kosten in Hamburg bis zu 50 Euro pro Quadratmeter. Tagesmieten für einen Arbeitsplatz in einem Bordell liegen in Hamburg bei ca. 175 Euro. Früher wurden nach Angaben der Prostituierten-Selbsthilfegruppe *Kassandra* auf dem Straßenstrich in Frankfurt und München 100 bis 150 DM pro Tag für den Quadratmeter Bürgersteig (!) gefordert.

Von dem Honorar für Sexdienstleistungen (75 bis 80 Euro) erhalten Zuhälter und Zimmervermieter je 25 Euro. Ein Zuhälter streicht von jeder seiner Prostituierten jährlich etwa 100 000 Euro ein.

(Quelle: Emilija Mitrovic, ***Aktueller Stand der Prostitution in Deutschland***, 2003)

Einige deutsche Nachnamen, die aus Berufen hervorgegangen sind

Bäcker Becker, Bäcker, Beck, Becke, aber auch Pfannkuchen
Bauer Bauer, Baumann, Hoffmann, Hofmann, Huber, Ackermann
Braumeister Suhrbier, Sauerbier
Fischer Fischer, Fischler, Vischer, Fischers, Fischl, Fischle, Fischmann
Gastwirt Krüger, Krug, Krüg, Krog, Krügel, Krugmann
Gemeindevorsteher Schulz, Schultz, Schulze, Schultze, Scholz, Schulte, Schultheiß, Heiß, Heiss, Schulzeck, Schulten, Schuldt, Schulthess
Jäger Jäger, Jager
Kaufmann, Kleinhändler Kaufmann, Krämer, Winkler (Winkelladen)
Kellermeister Keller, Kellner
Koch Koch
Köhler Köhler
Küster Küster, Kirchner
Metzger Metzger, Schlachter, Fleischer, Fleischhauer
Müller Möller, Müller, Müllner, Miller, Müllers, Möllers, Möllmann, Möllemann, Mühlemann
Pfannenschmied Pfannschmidt, Pfannenstiel
Richter Richter
Schäfer Schäfer, Schaefer
Schmied Schmid, Schmidt, Schmitt, Schmitz
Schneider Schneider, Schneyder, Schröder (auch Lagerarbeiter im Bier- und Weinhandel)
Schreiber Schreiber
Schreiner Schreiner
Schuhmacher Schubert, Schumacher, Schuster
Spielmann Pfeiffer, Pfeifer
Verwalter Vogt, Voigt, Fauth
Verwalter (bäuerlicher) Maier, Mayer, Meier, Meyer
Wagenmacher Wagner, Wegner, Wegener, Wahner, Wehner, Weiner
Weber Weber
Ziegelbrenner Ziegler
Zimmermann Zimmermann

Die Helden der 68er

Die folgenden Personen waren Symbolfiguren und Idole der revolutionären Strömungen der 1968er Studentenbewegung:

Angela Davis

Benno Ohnesorg

Carlos Castaneda

Ernesto Ché Guevara

Fidel Castro

Friedrich Engels

Ho Chi Minh

Karl Liebknecht

Karl Marx

Kommune 1: Fitz Teufel – Rainer Langhans – Uschi Obermaier

Mao Tse-tung

Rosa Luxemburg

Rudi Dutschke

Sacco & Vanzetti

Timothy Leary

Walter Ulbricht

Wilhelm Piek

Wolf Biermann

Millionen von Oberlehrern ...

Diese Ausdrücke haben (selbst)kritische Deutsche für bestimmte Individuen, aber auch für verbreitete Aspekte im nationalen Charakter gefunden.

Bedenkenträger

Besserwisser

Erbsenzähler

geistiger Kleingärtner

Haarspalter

Korinthenkacker

Nörgler

Oberlehrer

Prinzipienreiter

Querulant

Rechthaber

Schlaumeier

Sesselpuper

Siebengescheiter

Welterklärer

Wichtigtuer

Wortklauber

Deutsche Vereine

Ein Verein muss sein: In Deutschland gab es im Jahre 2005 exakt 594 277 eingetragene Vereine (e. V.) – für jeweils 138 Bundesbürger einen. Ganz vorn liegt der Sport, es folgen Organisationen mit dem erklärten Zweck der Freizeit- und Heimatpflege. Doch das Spektrum ist breit:

Verein Deutsche Sprache e.V.

Verein für deutsche Schäferhunde (SV) e.V.

Verein der Aquarienfreunde Spandau 1930 e.V.

VDI Verein Deutscher Ingenieure

Hallesche Tipp-Kickers 1991

Deutscher Verein für Vermessungswesen (DVW)

Deutscher Verein vom Heiligen Lande

Finnisch-Deutscher Verein Joensuu

Deutscher Verein zur Förderung der Leukämie- und Tumorforschung e.V.

Deutscher Verein für natürliche Lebensweise

Deutscher Anwaltverein

Deutscher Eisenbahn-Verein e.V.

Deutscher Verein für öffentliche und private Fürsorge

Italienisch-Deutscher Verein Erlangen e.V.

Deutscher Verein zur Förderung von Pflegewissenschaft und -Forschung

Berliner Verein für harmonische Lebensweise

Schwule Hunde e.V

Erlanger Wanderrudergesellschaft Franken e.V.

Studentische Musikvereinigung Blaue Sänger Göttingen

Die Welt über Deutschland

Bei einzelnen Menschen funktioniert es schon ganz gut, aber offenbar ist es mit der Liebe unter den Nationen in Europa und der Welt noch nicht weit her. Darauf deutet jedenfalls das hier aufgelistete Vokabular hin, das hoffentlich möglichst selten benutzt wird.

Die Deutschen heißen	
im deutschsprachigen Ausland	Kartoffelkopf
in Bayern	Saupreiß
in den Niederlanden	Mof
in der Schweiz	Bockwurst, Schwob, Schwab
in Frankreich	Boche
in Großbritannien und den USA	Kraut, Dolf
in Luxemburg	Preis
in Österreich	Piefke
in der Türkei	Bierbauch
in Polen und Russland	Fritz, Schwab, Schkop

Deutschland über die Welt

Im deutschen Alltag sind diese Begriffe nicht so allgegenwärtig, wie es diejenigen vermuten, die Deutschland nach wie vor für einen *braunen Sumpf* halten. Immerhin existieren sie, und sie kommen zur Anwendung, wenn meist auch nur im Eifer des Gefechts – in diesem Fall allerdings nicht um die Vorherrschaft in der Welt oder um militärischen Geländegewinn, sondern um den Sieg in einem Fußballländerspiel bei Europa- oder Weltmeisterschaften.*

Dann nennen die Deutschen ihre Nachbarn schon einmal so:

Belgier	Frittenfresser, Belremmel
Briten	Inselaffe, Teesieder, Tommy
Franzosen	Franzmann, Franzacke, Franzeck, Froschfresser
Italiener	Itaker, Makkaroni, Spagetti, Spagettifresser
Niederländer	Käskopp, Kaskopp, Fischkopp, Flachlandtiroler
Österreicher	Ösi, Schluchtenscheißer, Schluchti
Polen	Polacke
Russen	Iwan, Russki
Spanier	Spaniockel
jeden ihnen unangenehmen Ausländer	Kanake**

* So ganz nebenbei: Die Kanadier nennen die US-Amerikaner hin und wieder *fatasses* und die Niederländer ihre belgischen Nachbarn *Patatvreter* – und diese Aufzählung ließe sich beliebig erweitern.

** *Kanake* heißt übrigens *Mensch* (Neu-Kaledonien).

Unwetter, Tornados und Orkane

Eine Auswahl windiger Wetterereignisse

10.8.1905	Hagelunwetter in St. Martin, Hagelkörner größer als Hühnereier, Ernte vernichtet
22.5.1907	Tornado in Solingen, ein Mensch kommt ums Leben
12.5.1912	Tornado in Sehlis bei Taucha (Sachsen)
27.5.1916	Windhose in Chemnitz
23./24.10.1921	Sturm mit Orkanböen bis Stärke 11/12
1.6.1927	Tornado in Lingen
8.7.1927	schwere Gewitter im Erzgebirge mit 145 Toten
22./23.11.1930	ein Orkan zerstört die Südtribüne des Stadions von Kaiserslautern
17.6.1931	ein Tornado im Elsetal (Sauerland) mit zwei Toten
10.7.1936	Hagelunwetter im Raum Hildesheim/Peine – 90–100 Prozent der Getreideernte vernichtet
15.9.1950	Tornado in Hannover
1.2.1953	*Holland-Orkan* über Deutschland. Er tötete am 31.1.1953 in Holland ca. 2 000 Menschen.
19.5.1953	schwere Gewitter über Norddeutschland und Hessen
13./14.8.1956	starker Sturm auf der Nordsee, 18 Menschen ertrinken auf den Halligen
23.8.1956	Orkan über Norddeutschland, 24 Tote, einige hundert Verletzte
12.6.1957	Windhose über dem Freibad Humboldthain im Berliner Stadtteil Wedding
1.8.1958	Schwere Unwetter in ganz Deutschland, mehrere Tote
16./17.2.1962	*Hamburg-Orkan* mit 340 Toten, 75 000 Menschen obdachlos
10.7.1968	Tornado von Pforzheim, ca. 130 Millionen DM Schaden, mehrere Tote
18.8.1968	extrem heftiges Hagelunwetter im Münchener Gebiet, schwere Verwüstungen

Febr./März 1969	Schneesturm in Norddeutschland, Schneewehen bis zu drei Metern
12./13.11.1972	*Niedersachsen-Orkan* mit 47 Todesopfern in Deutschland
31.3.–3.4.1973	starker Sturm über weiten Teilen Deutschlands, Böen bis 180 Stundenkilometern im Schwarzwald
5.5.1973	*Kieler Tornado*, 30 Millionen DM Schaden, ein Toter
17.8.1974	Hagelunwetter in den Landkreisen Vechta, Diepholz, Osnabrück
2./3.1.1976	*Capella-Orkan* über der Ostsee, das deutsche Schiff *Capella* sinkt, elf Tote
31.12.1978 –1.1.1979	Schneesturm im Norden, Schneeverwehungen bis zu sechs Metern, 17 Menschen erfrieren
12.7.1984	Hagelunwetter in Süddeutschland, 400 Verletzte, ca. 3 Milliarden DM Schäden
Juli 1986	Tornado bei Karlsruhe
18.7.1987	Tornado über Hitzacker im Kreis Lüchow-Dannenberg
23.9.1987	Tornado zerstört Gertenbach (Hessen) fast völlig
7.10.1988	Wirbelsturm in Trier
16.3.1989	starkes Gewitter und Windhose in der Düsseldorfer Innenstadt
27./28.8.1989	Sturmtief über Nordwestdeutschland, Schleswig-Holstein und Mecklenburg-Vorpommern
25./26.1.1990	Wintersturm *Daria*, Orkanböen bis 172 Stundenkilometern, Landverluste an der Südspitze von Sylt
27.2.1990	Sturmtief *Vivian* über Deutschland mit Orkanböen bis 265 Stundenkilometern
28.2.1990	Orkan *Wiebke* mit mit Spitzenböen von 205 Stundenkilometern
21./22.7.1992	Orkanböen und Starkregen mit Hagel in Oberfranken
21.8.1992	eine Gewitterfront im Saarland und in Hessen mit Orkanböen von 167 Stundenkilometern
13.1.1993	Orkantief *Verena* trifft Kiel
27./28.1.1994	Orkantief *Lore* in Hamburg, die zweithöchste Sturmflut seit Beginn der Aufzeichnungen

29.6.1997	verbreitet kräftige Gewitter mit Hagel und schweren Sturmböen in Nord- und Mitteldeutschland; zwei Tornados
4./5.2.1999	kräftiger Sturm mit Orkanböen über der Nordsee, Sturmflut in Hamburg, Land unter auf den Halligen
26.12.1999	Orkantief *Lothar*, schwere Sturmschäden in Südwest- und Süddeutschland, Böen bis 259 Stundenkilometern
30.1.2000	Tief *Kerstin* erreicht in Schleswig-Holstein und Mecklenburg-Vorpommern Orkanstärke
18.–20.8.2000	starke Gewitter im Süden und Osten, Hagel in Berlin und Ostbayern
19.8.2000	Tornado im Westerwald
26.2.2002	Orkan *Anna*, Böen bis 180 Stundenkilometern in Norddeutschland
26./27.10.2002	Orkan *Jeanett*, Böen mit Spitzengeschwindigkeiten bis 183 Stundenkilometern in Ostdeutschland
23.6.2004	Sturmtief *Yasna* mit Tornados
18.8.2004	Tornado in der Vulkaneifel
8.1.2005	Orkantief *Erwin*, Böen bis 148 Stundenkilometern über den Nordseeinseln
12.02.2005	Orkantief *Ulf* in Norddeutschland
3.10.2006	Sturmtief *Renate*, Böen bis 162 Stundenkilometern im Schwarzwald
1.11.2006	Orkantief *Britta*, Böen bis 120 Stundenkilometern an der Nordseeküste
1.11.2006	Tornado in Emsbüren
8.12.2006	Orkantief *Vera*, Böen bis 191 Stundenkilometern im Harz
31.12.2006	Orkantief *Karla*, Böen bis 170 Stundenkilometern über Nord- und Ostsee
18.1. 2007	Orkan *Kyrill*, 13 Tote, Schäden über eine Milliarde Euro

Gemütlichkeit = Feng Shui, urdeutsch

Der Begriff *Gemütlichkeit* lässt sich von dem Wort *Gemüt* herleiten. Gemütlichkeit ist ein subjektiver Zustand des Wohlergehens, ausgelöst durch persönlich bestimmte Umgebungsdeterminanten und Situationen. Gemeint ist eine freundliche, warme, betont emotionale Stimmung, die durch Ruhe, Harmonie und Geborgenheit gekennzeichnet ist. Stress, Konflikte, Ängste und Hektik laufen der Gemütlichkeit zuwider, ebenso Erregung und Aufregung, Wortgefechte, Arbeit oder intensives Nachdenken. Anders als die asiatischen Meditationstechniken tendiert Gemütlichkeit nicht zu Klarheit und Erkenntnis, sondern ist eher ein Dämmerzustand mit Tendenzen in Richtung Verdrängung und Betäubung. Häufig sind alkoholische Getränke im Spiel.

„Der Begriff Gemütlichkeit *hat im Deutschen eine Bandbreite, welche die Vorstellungskraft eines Außenstehenden sprengt. Ein drastisches Beispiel: Als gemütlich gilt auch eine Ansammlung mehrerer hundert johlender, lärmender, schunkelnder Menschen, die sich im Zustand fortgeschrittener Alkoholisierung befinden und zu den falschen Tönen eines Blasmusikorchesters wiederholt in den Ruf ausbrechen: 'Ein Prosit der Gemütlichkeit!' Ausländische Beobachter sprechen dabei von einer 'erbarmungslosen Gemütlichkeit' der Deutschen."*

(Quelle: http://neobazi.net)

Scheidungen, Eheschließungen und Scheidungsraten in Deutschland 1900–2005

Jahr	Eheschließungen	Scheidungen	Scheidungsrate
1900	476 491	9 152	1,9 Prozent
1910	496 396	15 016	3,0 Prozent
1920	894 978	36 542	4,0 Prozent
1930	570 241	40 722	7,1 Prozent
1939	774 163	61 789	8,0 Prozent
1950*	750 452	134 600	17,9 Prozent
1955	617 228	74 013	12,0 Prozent
1960	689 028	73 418	10,7 Prozent
1965	621 130	85 304	13,7 Prozent
1970	575 233	103 927	18,1 Prozent
1975	528 811	148 461	28,0 Prozent
1976	510 318	153 061	30,0 Prozent
1977	505 889	117 795	23,3 Prozent
1978	469 278	75 758	16,1 Prozent
1979	481 707	124 225	25,8 Prozent
1980	496 603	141 016	28,4 Prozent
1981	487 832	158 087	32,4 Prozent
1982	486 856	168 348	34,6 Prozent
1983	495 392	170 941	34,5 Prozent
1984	498 040	181 064	36,4 Prozent
1985	496 175	179 364	36,1 Prozent
1986	509 320	174 882	34,3 Prozent
1987	523 847	180 490	34,5 Prozent
1988	534 903	178 109	33,3 Prozent

* Nach jeweiliger Definition der Bundesstatistik bzw. der ehemaligen DDR zusammengefasste Zahlen.

1989	529 597	176 691	33,4 Prozent
1990	516 388	154 786	30,0 Prozent
1991	454 291	136 317	30,0 Prozent
1992	453 428	135 010	29,8 Prozent
1993	442 605	156 425	35,3 Prozent
1994	440 244	166 052	37,7 Prozent
1995	430 534	169 425	39,3 Prozent
1996	427 297	175 550	41,1 Prozent
1997	422 776	187 802	44,4 Prozent
1998	417 420	192 416	46,1 Prozent
1999	430 674	190 560	44,2 Prozent
2000	418 550	194 408	46,4 Prozent
2001	389 591	197 498	50,7 Prozent
2002	391 963	204 214	52,1 Prozent
2003	382 911	213 975	55,9 Prozent
2004	395 992	213 691	54,0 Prozent
2005	388 451	210 693	51,9 Prozent

(Quelle: Statistisches Bundesamt)

Es ist ja nur Geld …

Sprache gibt Auskunft über die Aufmerksamkeiten und Gewichtungen in der Wahrnehmung eines Volkes. Die Inuit, gemeinhin als Eskimos bekannt, kennen z.B. mehr als zwanzig Ausdrücke für Schnee. Die Deutschen schaffen es zumindest beim *Geld* auf dreiunddreißig Varianten:

Asche • Bares • Bargeld • Bimbes • Blüten •
Cash • Dollars • Eier • Emmchen •
Euronen • Flocken • Flöhe • Heu • Kies •
Kleingeld • Knete • Kohle • Kröten • Mammon •
Mäuse • Moneten • Moos • Mücken •
Ocken • Penunzen • Piepen • Pinkepinke •
Pulver • Scheine • Schnee • Schotter •
Taler • Zaster

Deutsche Männer sind zu dick, deutsche Frauen zu fett

Übergewicht:

Männer	48,0 Prozent	Frauen	31,1 Prozent

Fettleibigkeit:

Männer	18,8 Prozent	Frauen	21,7 Prozent

(Quelle: Eurostat 2007)

Eis

Die allererste Eisdiele eröffnete 1660 ein Italiener namens Francesco Procopio in Paris. Oder war es 1651 oder 1672, wie andere Quellen angeben?

Sicher hingegen ist: 1799 eröffnete in Hamburg der Alsterpavillon, das erste Eiscafé Deutschlands.

Dann gerät man wieder aufs Glatteis: War die erste italienische Eisdiele in Deutschland die 1925 eröffnete der Familie Campi in Köln oder die 1932 eröffnete der Familie Roncadin in Osnabrück?

Auf jeden Fall wurde in den USA 1923 das Eis am Stiel patentiert.

Und 1928 eröffnete das erste Eiscafé in Berlin – das Eiscafé Monheim.

Die Eissorten 1955:

Erdbeer

Himbeer

Nuss

Schokolade

Vanille

Waldmeister
(seit 1981 verboten wegen des Cumarin-Gehaltes)

Zitrone

seltener:

Blaubeer

Banane

Eissorten 2007
und jedes Jahr kommen neue hinzu …

ACE-Multivitamin
After Eight
Alpenliebe
Amarena
Amarenata
Amaretto
Ananas
Apfel
Apfelstrudel
Aprikose
Banane
Bignolata
Birne
Blaubeer
Blue Curaçao
Blutorange
Bounty
Brombeer
Bubble Gum
Cappuccino
Cassis
Cherry-Chocolate-Chip
Chocolate Chip
Cocos
Cointreau
Cola
Cola Orange
Cola Zitrone
Cookie
Cranberry
Cristalbeery
Delizia
Dolce Latte
Donut-Eis
Eierlikör
Erdbeer
Erdnuss
Erdnuss-Toffee
Espresso
Florida Chocolate
Fragolino
French Chocolate
Galak
Geröstete Mandeln
Grapefruit
Grüner Apfel
Grüntee
Haferflocke
Haselnuss
Heidelbeer
Himbeer
Himmelblau
Honig
Ingwer
Joghurt
Joghurt-Kirsch
Johannisbeer
Karamel
Kirsch
Kiwi
Kiwi-Stachelbeer
Kokosnuss
Krokant
Krokant mit Rum
Lakritz
Latte Macchiato
Limo-Erdbeere
Limo-Orange
Malaga
Mandarine
Mandel
Mandel-Krokant
Mandelmarzipan
Mango
Mango-Pfirsich
Maracuja
Marzipan
Melone
Mint-Chocolate
Minze
Mokka
Mon Cheri
Moretto
Natur
Nocciolino
Nougat
Nougat-Krisp
Nuss
Orange
Orange-Schoko
Pampelmuse
Pannacotta
Papaya
Pecannuss
Pfefferminz
Pfirsich-Maracuja
Pfirsich-Mango
Pfirsich-Orange
Pflaume
Pflümli
Pinacolada
Pistazie
Praline
Raffaello
Rocher
Rumba
Rum-Rosinen
Rumtraube
Sahne Eis
Saure Sahne
Schokolade
Schwarze Johannisbeere
Sesam-Honig-Joghurt
Simpson
Snickers
Snikers
Spekulatius
Stachelbeer
Stracciatella
Strapazzata
Swiss
Tartufo
Tiramisu
Torrone
Traube
Tropical
Trüffel
Vanille
Waldfrucht
Walnuss
Wassermelone
Weintrauben
Weißer Kuss
Weiße Trüffel
Whiskey
Zabaione
Zimt
Zitrone
Zitrone-Tartufo
Zuppa Inglese

Deutschland-Stereotype

Touristen, die nach Deutschland reisen, kennen zumeist:

Berliner Mauer

Bier

Eisbein mit Sauerkraut

Hamburger Hafen

Heidelberg

Hofbräuhaus

Kölner Dom

Kuckucksuhr

Lederhosen

Loreley

Neuschwanstein

Oktoberfest

Rothenburg ob der Tauber

Rüdesheim

Schnitzel

Schwarzwald

VW Käfer

Deutsche Währungen

Mark	1871–1923
Rentenmark	1923–1924
Reichsmark	1924–1948
Deutsche Mark	1948–2001
Euro	seit 2002*

Währungen der DDR

Deutsche Mark der deutschen Notenbank	1948–1964
Mark der deutschen Notenbank	1964–1974
Mark der DDR	1974–1990

*seit 2002 als Bargeld, bereits seit 1999 als Buchgeld

Deutsche Sportreporter und ihre Sprüche

Sie gehen nicht nur wegen ihrer hervorragenden Arbeit in die Sportgeschichte ein, sondern auch wegen ihrer kleinen Fehler – auch die Halbgötter der Sportberichterstattung sind nur Menschen.

Addi Furler	"Liebe Zuschauer, meine Kollegen haben geackert wie die Kümmeltürken, um Ihnen diesen Bericht noch zeigen zu können!"
Arnim Basche	„Kickenbacher Offers"
Bela Rethy	„Das da vorn, was aussieht wie eine Klobürste, ist Valderrama."
Carmen Thomas	„FC Schalke 05 gegen – jetzt hab ich's vergessen – Standard Lüttich …"
Dieter Kürten	„Die Stadt ist schwarz voller Menschen in orange."
Ernst Huberty	„Kein Tor auswärts, so kann man einfach nicht gewinnen."
Gerd Rubenbauer	„Wenn er von hinten kommt, ist er nicht zu halten!"
Gerhard Delling	„Die Luft, die nie drin war, ist raus aus dem Spiel."
Günther Jauch	„Für alle Zuschauer, die erst jetzt eingeschaltet haben, das erste Tor ist schon gefallen." (Beim Spiel *Real Madrid – Borussia Dortmund* nachdem das Tor umgefallen war.)
Günter Netzer	„Da haben Spieler auf dem Spielfeld gestanden, gestandene Spieler."
Hans-Joachim Rauschenbach	„Das wahre Nettogewicht einer Dame ist immer erst messbar, wenn sie ihr Make-up abgetragen hat."
Harry Valérien	„Wo ist die Kamera?"
Heinz Maegerlein	„Zehntausende standen an den Hängen und Pisten."
Herbert Zimmermann	„Aus dem Hintergrund müsste Rahn schießen."
Heribert Fassbender	„Es steht im Augenblick 1:1, aber es hätte auch umgekehrt lauten können."

Jochen Hageleit	„Wenn ich könnte, würde ich sofort den Zaun erklimmen und den Karnickeln zuschauen. Da hätt ich mehr Spaß dran, als an diesem Gekicke."
Johannes B. Kerner	„Pässe der Marke Lothar Matthäus – da möchte man Ball sein."
Jörg Dahlmann	„Möller und Chappi befruchten sich gegenseitig."
Jörg Wontorra	„Telefonieren Sie mit uns oder rufen Sie uns an!"
Kurt Brumme	„Das erste Tor der Bundesliga ist gefallen, meine Damen und Herren. Es wurde in der ersten Minute von Konietzka, dem Dortmunder Halbstürmer, erzielt beim Spiel Dortmund gegen Werder Bremen in Bremen." (Erstes Spiel der Bundesliga, 1963)
Kurt Emmerich	„Schiedsrichter Weyland pfeift am Wochenende in Moskau das Spiel Sowjetunion gegen UdSSR."
Manfred Breuckmann	„Wenn die Eckfahne irgendwann Nutella-Eckfahne heißt, höre ich auf."
Marcel Reif	„Ich will nicht parteiisch sein. Aber lauft, meine kleinen schwarzen Freunde, lauft."
Rolf Töpperwien	„Dies ist überlebensnotwichtig für den Verein."
Rudi Michel	„Fernsehen ist nicht alles – aber alles ist nichts ohne Fernsehen."
Sabine Töpperwien	„...wie Statisten ausgerechnet haben..."
Ulrich Potofski	„Prima, das Duisburger Publikum, es unterstützt die eigene Mannschaft."
Werner Hansch	„Nein, liebe Zuschauer, das ist keine Zeitlupe, der läuft wirklich so langsam."
Wolf-Dieter Poschmann	„Und wie sieht's in Brasilien aus, dem Mutterland des Fußballs?"

Hitliste der Straftaten

Straftaten 2005 pro 1 000 Einwohner laut polizeilicher Kriminalstatistik:

Stadt	Straftaten/ 1 000 Einwohner	Ausländeranteil in Prozent
Frankfurt	175,70	25,4
Hannover	156,90	14,9
Berlin	150,30	13,4
Bremen	149,65	12,9
Hamburg	141,11	14,1
Düsseldorf	140,95	16,9
Köln	136,95	17,8
Leipzig	128,76	6,2
Dortmund	111,39	12,7
Duisburg	94,32	14,9
Essen	93,23	9,8
Dresden	92,65	5,0
Stuttgart	91,75	23,7
Nürnberg	90,15	18,0
München	87,00	23,8

Interessant ist hier die Tatsache, dass es keinen einfachen signifikanten Zusammenhang zwischen Kriminalität und Ausländeranteil gibt, wie er gern von gewissen Kreisen unterstellt wird. Denn Städte wie München und Stuttgart liegen trotz hoher Ausländeranteile an der Gesamtbevölkerung am unteren Ende der Liste.

Schlagzeilen, die Deutschland bewegten

25. Juli 1956
Die *Andrea Doria*, ein italienischer Luxusliner, wird vor der Küste New Yorks von der schwedischen *Stockholm* auf hoher See gerammt. Insgesamt sind 572 Mann Besatzung und 1 134 Passagiere in Lebensgefahr. Das Schiff, das wie die *Titanic* als unsinkbar galt, geht dennoch nach 11 Stunden unter. 1 662 Menschen werden in einer dramatischen Aktion gerettet, 50 Männer, Frauen und Kinder kommen im Rumpf des Schiffes ums Leben.

3. August 1957
An der Eigernordwand geraten zwei italienische und zwei deutsche Bergsteiger in Bergnot. Bergführer aus sechs europäischen Ländern versuchen in einer groß angelegten Rettungsaktion zu helfen. Nach zehn Tagen wird nur der Italiener Claudio Corti gerettet. Sein Gefährte Stefano Longhi ist tot. Die deutschen Bergsteiger Günther Nothdurft und Franz Mayer werden erst vier Jahre später gefunden.

21. September 1957
Das Segelschulschiff *Pamir* gerät etwa 600 Seemeilen vor den Azoren in den Hurrikan *Carrie* und sinkt. Trotz einer großen Rettungsaktion können nur sechs Überlebende gerettet werden, 74 Seeleute sterben.

13. August 1961
In der Nacht haben NVA-Soldaten, Grenzpolizisten und Angehörige der Schutz- und Kasernierten Volkspolizei sowie Angehörige der Betriebskampfgruppen mit dem Bau einer Mauer zwischen dem West- und Ostteil der Stadt Berlin begonnen.

10. September 1961
Beim *Großen Preis von Italien* verunglückt der deutsche Rennfahrer Graf Berghe von Trips. Sein Ferrari kollidiert mit dem Lotus des Schotten Jim Clarke und wird über die Absperrung in das Publikum am Rande der Piste geschleudert. Trips ist sofort tot, 14 Zuschauer kommen ums Leben.

14. September 1962
Durch einen 135 Meter langen Tunnel flüchten 29 Menschen von Ost- nach Westberlin – Westberliner Studenten haben die Flucht in viermonatiger Arbeit ermöglicht.

24. Oktober 1963
Grubenunglück in Lengede: Die niedersächsische Erzgrube wird von Wasser und Schlammmassen aus einem Klärteich überflutet. Mehr als zwanzig Kumpel sind unter Tage eingeschlossen. Rettungstrupps versuchen die Verschütteten mit Suchbohrungen zu orten. Erst zehn Tage nach dem Unglück wird eine Gruppe von elf Bergleuten geortet und kann mithilfe der *Dahlbusch-Bombe* gerettet werden.

22. November 1963
US-Präsident John F. Kennedy wird in Dallas/Texas ermordet. Als Täter wird Lee Harvey Oswald verhaftet, aber nach zwei Tagen in Polizeigewahrsam von dem Nachtclubbesitzer Jack Ruby erschossen. Um das Attentat entwickeln sich zahlreiche Verschwörungstheorien.

7. November 1968
Beate Klarsfeld verschafft sich mit einem falschen Presseausweis Zutritt zum CDU-Parteitag in der Berliner Kongresshalle und ohrfeigt den Kanzler Kurt Georg Kiesinger mit den Worten „Nazi, Nazi!“.

13. April 1970
Das Raumschiff *Apollo 13* hat eine Havarie – Sauerstoff-, Strom- und Wasserversorgung brechen zusammen. Die Astronauten James Lovell, Fred W. Haise und John L. Swigert begeben sich geistesgegenwärtig in die autarke Mondfähre und können so gerettet werden.

26. August 1978
Der erste Deutsche im All kommt aus der DDR: Sigmund Jähn fliegt an Bord der *Sojus 31* ins All.

26. April 1986
Im Kernkraftwerk Tschernobyl, Ukraine tritt eine Kernschmelze ein, ein Reaktorblock explodiert. Eine der größten Umweltkatastrophen überhaupt nimmt ihren Lauf. Auch große Teile Europas werden von der Fallout-Wolke betroffen.

28. Mai 1987
Matthias Rust, ein 19-jähriger deutscher Privatpilot, wird von der sowjetischen Luftabwehr nicht entdeckt und landet am *Tag der sowjetischen Grenztruppen* mit einer einmotorigen Cessna 172 B auf einer Brücke in der Nähe des Roten Platzes in Moskau.

16. August 1988
Das Geiseldrama von Gladbeck: Zwei vermummte und bewaffnete Täter dringen in eine Filiale der Deutschen Bank im Gladbecker Stadtteil Rentfort ein. Doch ihr Vorhaben, eine Bank auszurauben, scheitert. Aus diesem Geschehen entwickelt sich eine Flucht quer durch Deutschland. Die Täter fordern Lösegeld, nehmen Geiseln und finden allzu reges Medieninteresse. Bilanz: drei Tote (zwei Geiseln und ein Polizist) und viele Verletzte.

28. August 1988
Siebzig Menschen sterben, als es auf dem amerikanischen Stützpunkt Ramstein bei einer Flugschau zu einer Katastrophe kommt: Zwei Jets der italienischen Kunstflugstaffel *Frecce Tricolori* stoßen im Flug zusammen und stürzen in die Zuschauermassen.

9. November 1989
Der *antifaschistische Schutzwall*, der Westberlin seit dem 13. August 1961 vom Ostteil der Stadt und dem sie umgebenden Gebiet der DDR trennte, ist gefallen. Zehntausende Ostdeutsche demontieren die Mauer und drängen in den Westen der Stadt, wo sie mit Freibier und volksfestähnlichen Begrüßungsfeiern empfangen werden.

9. Oktober 1991
Schlagersänger Roy Black stirbt überraschend in seiner Fischerhütte im oberbayrischen Heldenstein an Herzversagen. Er wird nur 48 Jahre alt.

31. August 1997
Kurz nach Mitternacht verunglückt Prinzessin Diana bei einem Autounfall in der Unterführung der Pont de l'Alma in Paris. Ihr Mercedes 280 S prallt auf der Flucht vor Paparazzi mit hoher Geschwindigkeit gegen einen Tunnelpfeiler. Diana, ihr Freund Dodi Al-Fayed und der Chauffeur Henri Paul sterben.

20. April 2005
Joseph Kardinal Ratzinger aus dem bayerischen Städtchen Marktl am Inn wird als erster Deutscher seit 482 Jahren zum Papst gewählt. Die BILD-Zeitung titelt: „Wir sind Papst!"

Porsche jetzt: Die meistgeklauten Autotypen

Während im Jahr 2004 noch BMW die Poleposition erlangte, hat im Jahr 2005 ein Porsche die traurige Spitze in der Diebstahlstatistik übernommen. Die Promille-Angaben beziehen sich nicht etwa auf eine Alkoholisierung der Fahrer, sondern auf die Anzahl der gestohlenen Automobile pro 1 000 zugelassener Fahrzeuge.

Typ		Diebstahlsrate in Promille
1.	Porsche Cayenne 4.5	16,4
2.	BMW X5 3.0d	15,5
3.	BMW X5 4.4	15,0
4.	Golf IV R32	13,5
5.	VW Multivan 2.5 TDI	12,6
6.	Mercedes E-Klasse 250 D	10,0
7.	Audi A8 3.7	9,9
8.	BMW M3	9,3
9.	VW Golf III VR6	8,7
10.	VW Passat V6 2.5 TDI	7,9

Die beliebtesten Vornamen für Mädchen und Jungen

Der Name prägt einen Menschen sein Leben lang. Deshalb ist es für junge Eltern auch sehr wichtig, den richtigen Namen für ihr Kind zu finden. Allerdings werden hin und wieder die Träume der Elterngeneration auf die Kinder projiziert – Prominenz lässt grüßen! Auffällig bei der Liste der Namen ist auch, dass es einen „Ausländeranteil" gibt, der in etwa dem Anteil von Bundesbürgern mit Migrationshintergrund entsprechen dürfte – nicht aber deren ethnischer Herkunft. Und: Auch die alten Namen halten sich tapfer.

Noch eine Anmerkung zur Auswahl der Namen: Es werden unterschiedliche Listen geführt, die sich zum Beispiel dadurch unterscheiden, dass in der einen die Zweitnamen berücksichtigt werden, in anderen nicht. Deshalb sind anderorts durchaus unterschiedliche Hitparaden der Namen zu finden.

Die beliebtesten Vornamen für Mädchen (2005)

1. Anna
2. Leonie/Leoni
3. Lea/Leah
4. Lena
5. Hanna/Hannah
6. Laura
7. Lara
8. Emily/Emilie
9. Sara/Sarah
10. Lilli/Lilly/Lili
11. Nele/Neele
12. Emma
13. Mia
14. Julia
15. Sophie/Sofie
16. Alina
17. Amelie/Amely
18. Marie
19. Lisa
20. Louisa/Luisa
21. Maja/Maya
22. Johanna
23. Lina
24. Sofia/Sophia
25. Chiara/Kiara
26. Angelina
27. Paula
28. Leni
29. Jule
30. Annika/Annica/Anika
31. Charlotte
32. Michelle
33. Jana
34. Vanessa
35. Katharina/Catharina
36. Clara/Klara
37. Jasmin/Yasmin
38. Emilia
39. Nina
40. Pia
41. Marlene/Marleen/Marlen
42. Emelie/Emely
43. Josefine/Josephine
44. Zoe
45. Antonia
46. Lucie/Lucy
47. Celina
48. Franziska
49. Melina
50. Maria
51. Sina
52. Selina
53. Pauline

54. Finja/Finnja
55. Victoria/Viktoria
56. Melissa
57. Vivien/Vivienne
58. Fiona
59. Isabel/Isabell/Isabelle
60. Eileen/Aileen / Ayleen
61. Jette
62. Amy
63. Carolin/Caroline/Karoline
64. Anne
65. Greta
66. Eva
67. Ida
68. Natalie/Nathalie
69. Merle
70. Elena
71. Elisa
72. Celine
73. Fabienne
74. Kim
75. Stella
76. Luise/Louise
77. Jolina/Joelina
78. Larissa
79. Theresa/Teresa
80. Helena
81. Mara/Marah
82. Samira
83. Carla/Karla
84. Miriam
85. Annabelle/Annabell/Annabel
86. Annalena
87. Milena
88. Alicia
89. Leticia/Letizia
90. Tabea
91. Alexandra
92. Martha/Marta
93. Elisabeth
94. Jessica
95. Maike/Meike
96. Ella
97. Linn/Lynn
98. Kimberly/Kimberley
99. Lia/Liah
100. Ronja

Die beliebtesten Vornamen für Jungen (2005)

1. Lukas/Lucas
2. Leon
3. Luca/Luka
4. Tim/Timm
5. Paul
6. Jonas
7. Finn/Fynn
8. Max
9. Niclas/Niklas
10. Luis/Louis
11. Felix
12. Maximilian
13. Philipp/Philip/Phillip
14. Elias
15. Jan
16. Julian
17. Jannick/Jannik/Yannic
18. Noah
19. Simon
20. Moritz
21. Tom
22. Ben
23. Fabian
24. David
25. Jakob/Jacob
26. Nils/Niels
27. Florian
28. Erik/Eric
29. Nico/Niko
30. Alexander
31. Justin
32. Tobias
33. Marvin/Marwin
34. Kevin
35. Lennard/Lennart
36. Johannes
37. Linus
38. Sebastian
39. Julius
40. Daniel
41. Marc/Mark
42. Benjamin
43. Joel
44. Maurice
45. Rafael/Raphael
46. Colin/Collin
47. Pascal
48. Timo
49. Nick
50. Robin
51. Dominic/Dominik
52. Jannis/Yannis/Janis
53. Hannes
54. Marlon
55. Jason
56. Henri/Henry
57. Samuel
58. Vincent
59. Adrian
60. Jonathan
61. Marcel

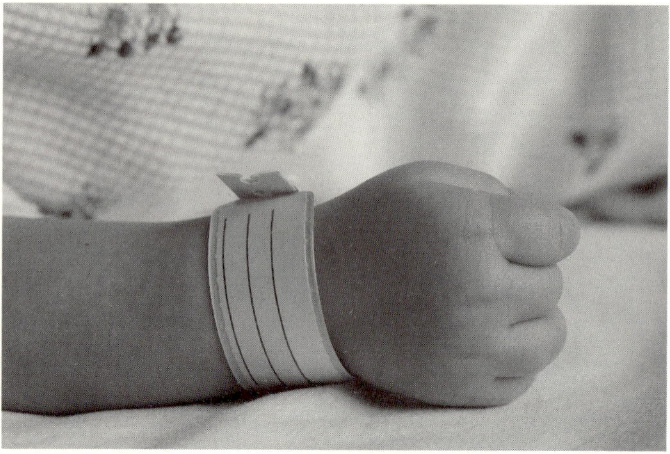

62. Lars
63. Lasse
64. Anton
65. Matthis/Mattis/ Mathis/Matis
66. Michael
67. Bastian
68. Dennis/Denis
69. Constantin / Konstantin
70. Leonard
71. Kilian
72. Leo
73. Malte
74. Justus
75. Maik/Meik/ Mike
76. Ole
77. Aaron
78. Christian/ Kristian
79. Mika
80. Jeremy/Jeremie
81. Oskar/Oscar
82. Carl/Karl
83. Joshua
84. Jona/Jonah
85. Phil
86. Silas
87. Till
88. Tyler/Tayler
89. Benedikt
90. Cedric/Cedrik
91. Jamie
92. Jannes
93. Valentin
94. Emil
95. Marco/Marko
96. Fabio
97. Johann
98. Julien
99. Thomas/Tomas
100. Franz

Die Situation von Kindern in Deutschland

Eine UNICEF-Vergleichsstudie aus dem Februar 2007

	Materielle Situation	**Gesundheit**	**Bildung**
1.	Schweden	Schweden	Belgien
2.	Norwegen	Niederlande	Kanada
3.	Finnland	Finnland	Polen
4.	Dänemark	Dänemark	Finnland
5.	Schweiz	Italien	Schweden
6.	Kanada	Spanien	Niederlande
7.	Belgien	Frankreich	Irland
8.	Österreich	Norwegen	Dänemark
9.	Frankreich	Schweiz	Tschechien
11.	Niederlande	Tschechien	**Deutschland**
12.	Tschechien	**Deutschland**	Norwegen
13.	Spanien	Großbritannien	USA
14.	**Deutschland**	Kanada	Ungarn
15.	Italien	Portugal	Schweiz
16.	Griechenland	Polen	Spanien
17.	Portugal	Belgien	Griechenland
18.	USA	Ungarn	Großbritannien
19.	Großbritannien	Griechenland	Frankreich
20.	Irland	Irland	Österreich
21.	Ungarn	Österreich	Italien
22.	Polen	USA	Portugal

(Quelle: www.unicef.de)

Deutsche Fernseh-Serien-Familien

Wenn sie auf dem Bildschirm erscheinen, erwachen bei manchem Zuschauer verwandschaftliche Gefühle, denn vielfach kennt der Mensch vor der Mattscheibe die fiktiven Personen in der Sendung besser als die eigene Sippschaft. Und vor allem: Man sieht sich wesentlich häufiger – meistens sogar täglich. Was Wunder, dass Einstellungen und Verhaltensweisen aus der Fiktion auf das Alltagsleben abfärben. Eheberater und Scheidungsanwälte könnten von der drehbuchreifen Sprache der Beziehungskrisen in Deutschland ein Lied singen. Wenn sie nicht schweigen müssten.

Familienname	**Titel der Serie**	**Ausstrahlung**
Familie Schölermann	Familie Schölermann	1959–1960
Familie Hesselbach	Die Firma Hesselbach	1960–1961
Familie Hofer	Alle meine Tiere	1962–1963
Familie Addams	Addams Family	1964–1966
Familie Reimer	Alle machen Musik	1965
Familie Buchner	Der Forellenhof	1965–1966
Familie Walton	Die Waltons	1972–1981
Familie Hart	Hart aber herzlich	1979–1984
Familie Duke	Ein Duke kommt selten allein	1979–1985
Familie Adama	Kampfstern Galactica	1981–1989
Familie Channing	Falcon Crest	1981–1990
Familie Gioberti	Falcon Crest	1981–1990
Familie Ewing	Dallas	1981–1991 (2002)
Familie Schumann	Ich heirate eine Familie	1983–1986
Familie Carrington	Der Denver Clan	1983–1990
Familie Drombusch	Diese Drombuschs	1983–1993
Familie Fox	Die Fälle des Harry Fox	1984–1986
Familie Brinkmann	Schwarzwaldklinik	1985–1989 (2005)
Familie Beimer	Lindenstraße	1985 ...
Familie Tanner	Alf	1986–1990
Familie Cosby	Bill Cosby's Familienbande	1987–1995
Familie Bundy	Eine schrecklich nette Familie	1987–1997
Familie Forrester	Reich & Schön	1988/89 ...

Familie Spectra	Reich & Schön	1988/89 …
Familie Marone	Reich & Schön	1988/89 …
Familie Winslow	Alle unter einem Dach	1989–1998
Familie Rombach	Forsthaus Falkenau	1989–2006
Familie Banks	Der Prinz von Bel-Air	1990–1996
Familie Walsh	Beverly Hills 90210	1990–2000
Familie Brock	Picket Fences – Tatort Gartenzaun	1992–1996
Familie Richter	Gute Zeiten Schlechte Zeiten	1992 ...
Familie Busch	Marienhof	1992 ...
Familie Taylor	Hör mal, wer da hämmert!	1993–2001
Familie Flodder	Flodder – eine Familie zum Kuscheln	1994–1996
Familie Weigel	Unter uns	1994 ...
Familie Ewermann	Die Camper	1997 ...
Familie Heffermann	King of Queens	2001 ...
Familie Soprano	Sopranos	2004
Familie Alberti	Die Albertis	2004–2005
Familie Fisher	Six Feet Under – gestorben wird immer	2004–2006
Familie Plenske	Verliebt in Berlin	2005 ...
Familie Gravenberg	Julia – Wege zum Glück	2005 ...

Deutsche Unternehmer

Sie prägten die deutsche Wirtschaft entscheidend:

Name	Lebenszeit	Haupttätigkeitsgebiet
Friedrich Krupp	1787–1826	Gründer der heutigen ThyssenKrupp AG
August Borsig	1804–1854	Gründer der Borsigwerke
August Ferdinand Howaldt	1809–1883	Gründer der heutigen Howaldtswerke AG
Ernst Werner von Siemens	1816–1892	Gründer der heutigen Siemens AG
Leopold Hoesch	1820–1899	Gründer der Hoesch Stahl AG
Gottlieb Wilhelm Daimler	1834–1900	Gründer der Daimler-Motoren-Gesellschaft
August Thyssen	1842–1926	Gründer der heutigen ThyssenKrupp AG
Carl Friedrich Benz	1844–1929	Automobilindustrie, Gründer von Benz & Co.
Emil Kirdorf	1847–1938	Generaldirektor der Gelsenkirchner Bergwerks-AG u. a.
Kurt Sorge	1855–1928	Industrieller, Vorsitzender mehrerer Wirtschaftsverbände
Rudolph Karstadt	1856–1944	Gründer der Karstadt AG
Robert Bosch	1861–1942	Gründer der Robert Bosch AG

August Oetker	1862–1918	Gründer der Dr. August Oetker Nahrungsmittel KG
Alfred Hugenberg	1865–1951	Medienkonglomerat aus Zeitungen, Verlagen, Filmen
Hugo Stinnes	1870–1924	Gründer der Hugo Stinnes GmbH
Albert Vögler	1877–1945	Vorsitzender der Vereinigten Stahlwerke AG u. a.
Gustav Schickedanz	1895–1977	Gründer des Versandhaus Quelle
Max Grundig	1908–1989	Gründer der Grundig AG
Josef Neckermann	1912–1992	Gründer der Neckermann Versand AG
Karl Albrecht	geb. 1920	Gründer von Aldi
Theo Albrecht	geb. 1922	Gründer von Aldi
Friedel Neuber	1935–2004	Vorstandsvorsitzender der Westdeutschen Landesbank u. a.

Bedeutende deutsche Popgruppen

Die Ärzte
Die fantastischen Vier
Die Lords
Die Prinzen
Die Rattles
Die Toten Hosen
Einstürzende Neubauten
Fettes Brot
Ideal
Juli
Les Humphries Singers
MIA
Modern Talking
Münchner Freiheit
Panik Orchester
Pur
Rosenstolz
Seeed
Silbermond
Söhne Mannheims
Spider Murphy Gang
Tokio Hotel
Tomke
Wir sind Helden
Wise Guys
Zweiraumwohnung

Die Schwerter in deutschen und germanischen Heldensagen

Jeder kennt Excalibur, das Schwert Königs Artus', das ursprünglich Caliburn hieß. Doch viele der unten genannten Klingen dürften mit ihren klangvollen Namen neue Traumbilder heldenhafter Größe in den Köpfen aller – nicht zuletzt aller Fantasy-Fans – entstehen lassen.

Balmung auch Gram, Notung, Nothung oder Nathung; Siegfrieds Schwert, das sogar Felsen spalten konnte

Curtana das Schwert des Dänenkönigs Tristan

Eckesachs das Schwert des Riesen Ecke, das Dietrich von Bern in seinen Besitz nahm, nachdem er den Riesen besiegt hatte

Fingal ein magisches Schwert, vom Kelten Luno geschmiedet

Mimung das Schwert, mit dem Wieland der Schmied Ämilias tötete und das er später seinem Sohn Wittich gab

Nagelring das Schwert eines Zwerges, das Dietrich von Bern als Lohn für seine tatkräftige Hilfe als Geschenk erhielt

Rose auch Rosen; das von Zwergen geschmiedete und in Drachenblut gehärtete Schwert des Helden Ortnit, das später Wolfdietrich in der fränkischen Sage führte

Tourendal auch Durendart oder Durendal; das Schwert des Helden Roland, das er im Tode mit seinem Körper deckte, damit es nicht in die Hände der Feinde fiel

Vuielandia im Walther-Lied wird das Schwert des Helden fabrica Vuielandia genannt, von Wieland, dem Schmied, gefertigt

Klangvolle deutsche Weine

Sicherlich gibt es auch solche Sorten, die einfach den Namen ihrer Rebsorte tragen. Doch wie viel besser schmeckt ein Wein, wenn das entsprechende Etikett auf der Flasche einen klangvollen Namen trägt? Das dachten wohl auch deutsche Winzer, als sie ihren Weinen die folgenden Namen gaben:

Alsheimer Rheinblick
Bechteheimer Pilgerpfad
Binger Sankt Rochuskapelle
Breisacher Vulkanfelsen
Escherndorfer Fürstenberg
Escherndorfer Lump
Flonheimer Adelberg
Frankenweiler Königsgarten
Göcklinger Herrlich
Gottenheimer Attilafelsen
Guldentaler Schlosskapelle
Kreuznacher Kronenberg
Kröwer Nacktarsch
Lachener Pfaffengrund
Liebfraumilch
Mainzer Domherr
Niersteiner Gutes Domtal
Östricher Gottesthal
Raunthaler Steinmächer
Rhodter Ordensgut
Seefelder Maltesergarten
Trittenheimer Altärchen
Ürziger Schwarzlay
Volkacher Kirchberg
Wertheimer Tauberklinge

Sex in Deutschland – Fakten

Wünsche:

Etwa 20 Prozent aller Deutschen ist mit weniger als ein Mal Sex pro Woche zufrieden.

Weitere 28 Prozent halten ein Mal wöchentlich für ausreichend.

37 Prozent geben an, mindestens zwei Mal in der Woche Sex zu brauchen.

Wirklichkeit:

17 Prozent der deutschen Paare hatten schon einmal vier Wochen lang keinen Sex.

57 Prozent der Deutschen haben maximal einmal pro Woche Sex mit dem Partner.

28 Prozent der Partner haben mindestens zwei Mal pro Woche Sex.

Im Durchschnitt haben deutsche Paare etwa 5,6 Geschlechtsakte pro Monat, aber …

63 Prozent haben seltener Sex.

12 Prozent der Männer in Deutschland trinken lieber Bier als Sex zu haben.

Moral:

Ein Seitensprung ist für 42 Prozent unverantwortlich und unverzeihlich.

„Das, was bei uns Sexualität genannt wird, ist aber eine provinzielle und in sich paradoxe Errungenschaft. Denn das Sexuelle wird gleichzeitig dramatisiert und verschwiegen, hervorgehoben und verborgen, verlangt und verboten, verallgemeinert und individualisiert. Eine derartig verdrehte Sexualform gibt es nur in Europa und Nordamerika."

Volkmar Sigusch, Sexualforscher

Deutsche Biermarken

Astra • Beck's • Bitburger Premium Pils • Brinkhoff's • Braunschweiger Mumme • Clausthaler alkoholfrei • Diebels • Detmolder • Dom Kölsch • Dübelsbrücker • Erdinger Weißbier • Flensburger • Frankenheim • Franziskaner Weizenbier • Früh Kölsch • Füchschen Alt • Fürstenberg Premium Pilsener • Feyens Braunbier • Gaffel Kölsch • Gatzweiler Alt • Gilden Kölsch • Gutmann • Hannen Alt • Hansa Pils • Hasseröder Premium Pils • Heineken Lagerbier • Hellers Kölsch • Henniger Kaiser Pilsener • Herforder Pils • Hochdorfer Hefeweizen • Hövels Original Bitterbier • Holsten Pilsener • Hüchelner Urstoff • Iserlohner Pils • Jever Pilsener • Karlsberg Urpils • Karlsberg Urpils light • Kelts • Kirner Pils • König Pilsener • Köstritzer Schwarzbier • Köstritzer Edelpils • Krombacher Pils • Kronen Bier • Licher Premium Pilsner • Maisel's Weisse • Öcher Lager • Oettinger Pils • Oettinger Export • Paulaner Weizenbier • Pfaffen Obergärig • Prinzregent Luitpold Weißbier Hell • Radeberger Pilsner • Reissdorf Kölsch • Rhenania Alt • Rosenheimer Hefeweißbier • Rothaus Eiszäpfl • Schlösser Alt • Schöfferhofer Hefeweizen • Schumacher Alt • Sion Kölsch • St. Pauli Gir • Stuttgarter Hofbräu Pilsner • Tucher Pilsener • Uerige Alt • Veltins • Warsteiner Pilsner • Wernesgrüner Pils • Wicküler Pilsener • Zunft Kölsch

Die Wellen des Freizeitsports in der Bundesrepublik Deutschland

Wissen Sie ist es noch genau? Die verschiedenen Phasen körperlicher Ertüchtigung brachen nacheinander über Deutschland ein und trugen dazu bei, dass zumindest ein Teil der Bevölkerung nicht unter Übergewicht litt und leidet. Vor allem aber sorgten sie dafür, dass die Umsätze im Bereich Freizeitsport immer in ausreichender Weise gesichert waren, wenn sich auch die Preise für ein Frisbee (2,20 Euro) und ein edles Mountainbike (4 000 Euro) deutlich unterscheiden.

Rollschuhe	seit 1949
Hula Hoop	um 1958
Frisbee	um 1968
Surfen	um 1980
BMX-Räder	um 1980
Mountain Biking	um 1985
Gleitschirmfliegen	um 1985
Bungee-Jumping	um 1985
Skateboard	um 1985
Inline-Skating	um 1985
Aqua-Jogging	um 1995
Klettern	um 1995
Nordic Walking	um 2000
Beachvolleyball	um 2000
Golf	um 2000

Vorschläge für weitere Sportarten, die potentiellen Kultcharakter bekommen könnten:

Airboarding • Apnoetauchen • Base-Jumping • Buildering • Crossgolf • Diskriding • Drag Racing • Extrembügeln • Fingerboarding • Footbag (Hacky Sack) • Gummistiefelweitwurf • Handy-Weitwurf • House-Running • Kiteskiing • Kitesnowboarding • Klippenspringen • Paintball • Parakarting • Parkour • Poweriser • Rafting • Rock-Running • Sand-boarding • Skydiving • Skyrunning • Spinning • Sport Stacking • Surf Ski • Ushlook • Wakeboarding • Walking • Yo-Yo

Von Deutschen erfunden, entwickelt und entdeckt

1450	Buchdruck	Johannes Gutenberg/ Johannes Fust/Peter Schöffer
1510	Taschenuhr (Nürnberger Ei)	Peter Henlein
1650	periodisch erscheinende Zeitung	Timotheus Ritzsch
1709	Porzellan	Johann Friedrich Böttger
1810	mechanische Druckmaschine	Friedrich König
1817	Fahrrad	Karl von Drais
1823	Feuerzeug	Johann Wolfgang Döbereiner
1838	Brennstoffzelle (Prinzip)	Christian Friedrich Schönbein
1854	Glühbirne	Heinrich Göbel
1859	Kokain	Albert Niemann
1861	Telefon	Philipp Reis
1864	Periodensystem der Elemente	Lothar Meyer, zeitgleich mit Dmitri Mendelejew
1866	Dynamo	Werner von Siemens
1876	Kühlschrank	Carl von Linde
1876	Verbrennungsmotor	Nikolaus August Otto
1879	Elektrolokomotive	Firma Siemens
1880	elektrischer Aufzug	Firma Siemens
1881	elektrische Straßenbahn	Firma Siemens
1881/1903	Thermoskanne	Adolf Ferdinand Weinhold/ Reinhold Burger
1885	Automobil	Carl Benz/Gottlieb Daimler
1885	Motorrad (Reitwagen)	Gottlieb Daimler/ Wilhelm Maybach
1887	Plattenspieler/ Grammophon	Emil Berliner
1891	Büstenhalter	Hugo Schindler
1891	Gleitflugzeug	Otto Lilienthal
1894	erstes käufliches Motorrad	Firma Hildebrand und Wolfmüller
1895	Büstenhalter, verstellbar	Christine Hardt
1895	Röntgenstrahlen	Wilhelm Conrad Röntgen
1897	Aspirin	Felix Hoffmann
1898	lenkbares Luftschiff	Ferdinand Graf von Zeppelin
1902	Zündkerze	Robert Bosch/Gottlob Honold
1904	LCD-Bildschirm	Firma Merck

1904	**Radar**	Christian Hülsmeyer
1905	**Relativitätstheorie**	Albert Einstein
1906	**Dauerwelle**	Karl Nessler
1907	**Zahnpasta**	Ottomar Heinsius von Mayenburg
1908	**Kaffeefilter**	Melitta Bentz
1925	**Kleinbildkamera**	Oskar Barnack/Optische Werke Ernst Leitz
1928	**Tonband (Papier)**	Fritz Pfleumer/BASF
1930/31	**Fernsehen**	Manfred von Ardenne
1933	**Magnetschwebebahn (Idee)**	Hermann Kemper
1935/36	**Tonband (Kunststoff)**	Fritz Pfleumer/BASF
1936	**steuerbarer Hubschrauber**	Henrich Focke/Gerd Achgelis
1939	**Düsenflugzeug**	Ernst Heinkel
1939	**Düsentriebwerk**	Hans von Ohain
1941	**Computer**	Konrad Zuse
1942	**Rakete**	Wernher von Braun
1943	**LSD**	Albert Hofmann
1954	**Wankelmotor**	Felix Wankel
1956	**Faxgerät**	Rudolf Hell
1957	**Kunststoffdübel**	Artur Fischer
1963	**Scanner**	Rudolf Hell
1965	**Fotosatz**	Rudolf Hell
1969	**Chipkarte**	Jürgen Dethloff/ Helmut Gröttrup
1970/71	**Airbag mit Festtreibstoff**	Mercedes-Benz
1983	**Verbrennungsmotor**	Rudolf Diesel
1986	**Rastertunnelmikroskop**	Gerd Binnig/Heinrich Rohrer (Schweiz)
1994	**Brennstoffzellenauto**	DaimlerChrysler
1995	**MP3-Format**	Karlheinz Brandenburg/ Fraunhofer-Institut

DDR-Produkte

Aiga	Brühwürfel
Ata	Scheuermittel
BB	Elektrorasierer
Bebo Sher	Elektrorasierer
BG 20 Smaragd	Tonbandgerät
Carat S	Hifi-Gerät
Club Cola	Cola
Club	Zigaretten
Echter Nordhäuser	Doppelkorn
Ehr	Elektroherd
Elsterglanz	Poliermittel
Erika	Schreibmaschine
Florena	Handcrème
Freia	Nähmaschine
Goldbrand	Weinbrand
Goldsiegel	Weinbrand
Golf	Zigaretten
Halle 512	Radio
HBM 480	Bohrmaschine
Ika Elektrica	Staubsauger
Jalta 5060	Radio
Kittifix	Klebstoff
Komet	Elektrorasierer
KT 100	Kassetten recorder
Markant	Patronenfüll-halter
Nautik	Seife
Omega HSS 11	Staubsauger
Optima	Schreibmaschine
Pentina	Kamera
Programmat	Rundfunk-empfänger
Robotron	Computer, Taschenrechner
SBM 10/22	Bohrmaschine
Sket	Gasherd
SKR 501	Kofferradio
Sonett	Kassetten-recorder
Spee	Waschmittel
Spreequell	Limonaden
Stella	Fernsehgerät
Heli RK1	Radio
Heli RK 5 sensit	Radio
Heli RK 88	Radio
k24	Lautsprecher
Mikki 2	Transistorradio
Sternchen	Transistorradio
Sterakord SKR 550	Stereo-Kassetten-recorder
SKR 1200	Radiorecorder
Midimatic	Wecker
Glashütte	Armbanduhren
Penti 1 + 2	Kameras
Praktika	Kamera
Exa 1a	Kamera
Pentacon Six	Kamera
SR50 Berlin	Motorroller mit Anhänger
MZ	Motorräder
Simpson Schwalbe	Moped
Simpson SR50	Moped
Trabant 601	Auto
IFA W50	LKW
Sybille	Möbel
Tempo	Erbsen
Turf	Zigaretten
Veritas 8014	Nähmaschine
W58	Tischtelefon
Weimar	Uhr
Werra	Kamera
Ziphona decent	Plattenspieler

Jugendsprache, deutsch, 2007

angesagt	derzeit in Mode
chillen	sich ausruhen
Aldäa	Alter
dancen	tanzen
das burnt	erzeugt positive Gefühle
das rult	das finden alle gut
durchsumpfen	feiern bis zum Morgengrauen
echt abgespaced	unheimlich wunderbar
edgy	etwa randständig, ungewöhnlich
Fressflash	Heißhunger
funzen	passen, funktionieren
horny	gut, prima, beeindruckend, geil
Klapp	Klub
krass, krasse Sache	beeindruckend
kultig, Kult	derzeit in Mode
latte	egal, gleichgültig
leck mich fett	ich bin beeindruckt
rüberbeamen	etwas per Email versenden
simsen	eine SMS schreiben und versenden
spitz, scharf	geil, erotisch interessiert
texten	Wörter von sich geben
unkühl	ersetzt das abgenutzte *uncool*
voll auf Depri	ziemlich traurig
zutexten, zuföhnen	übermäßig viel reden

Werbeklassiker – die ältesten Werbespots der Bundesrepublik

Je nach Lebensalter lösen diese Slogans ungläubiges Kopfschütteln und Äußerungen des Erstaunens aus – oder aber nostalgische Gefühle an Kindheit und Jugend.

1950	Rei	*Hab Sonne im Herzen und Rei in der Tube.*
1951	Pril	*Entspannt das Wasser.*
1953	Bac	*Mein Bac, dein Bac – Bac ist für uns alle da!*
1953	Dujardin	*Darauf einen Dujardin.*
1954	Bauknecht	*Bauknecht weiß, was Frauen wünschen.*
1955	Aurora	*Aurora mit dem Sonnenstern.*
1955	Beck's	*Beck's Bier ... löscht Männer-Durst!*
1955	Mercedes-Benz	*Ein guter Stern auf allen Straßen.*
1955	NSU Quickly	*Wohl dem, der eine Quickly hat!*
1955	Schinkenhäger	*Schinkenhäger macht dich reger.*
1955	Sunil	*So strahlend weiße Wäsche durch Sunil.*
1956	Alete	*Alete – Kost fürs Kind.*
1957	3 Glocken Nudeln	*Lecker, locker, leicht gekocht.*
1957	Allianz	*Hoffentlich Allianz versichert.*
1957	Badedas	*Badespaß mit Badedas.*
1957	Coca-Cola	*Mach mal Pause ... trink Coca-Cola.*
1957	Fleurop	*Blumen in alle Welt.*
1957	Kitkat	*Have a break, have a Kitkat.*
1957	Miele	*Mutti macht's mit Miele.*
1958	AEG	*AEG – aus Erfahrung gut.*
1958	Peter Stuyvesant	*Der Duft der großen weiten Welt.*
1959	Asbach Uralt	*Wenn einem so viel Gutes widerfährt, das ist schon einen Asbach Uralt wert.*
1959	Persil 59	*Das beste Persil, das es je gab.*
1959	Romika	*Romika tragen – Wohlbehagen.*
1960	Badedas	*Hinein ins Nass mit Badedas.*
1960	Coca-Cola	*Trink Coca-Cola ... das erfrischt richtig.*
1960	Glücksklee	*Glücksklee – von glücklichen Kühen.*
1960	HB	*Wer wird denn gleich in die Luft gehen? Greife lieber zur HB, dann geht alles wie von selbst.*
1960	Kaba	*Kaba – der Plantagentrank.*
1960	Neckermann	*Neckermann macht's möglich.*
1960	Persil	*Persil bleibt doch Persil.*
1960	Stanwell	*Drei Dinge braucht der Mann – Feuer, Pfeife, Stanwell.*

1960	Thomy	*So delikat nach Schweizer Art.*
1960	Triumph	*Triumph krönt die Figur.*
1961	Alete	*Damit's ein Prachtkind wird.*
1961	Bärenmarke	*Nichts geht über Bärenmarke, Bärenmarke zum Kaffee.*
1961	Buerlecithin	*Wer schafft braucht Kraft, braucht Buerlecithin flüssig.*
1961	Goldfischli	*Goldfischli, Goldfischli – viele viele Goldfischli.*
1962	Chantré	*Das weiche Herz des Weines.*
1962	Haribo	*Haribo macht Kinder froh und Erwachsene ebenso.*
1962	Herta	*Wenn's um die Wurst geht.*
1962	Krombacher	*Mit Felsquellwasser gebraut.*
1962	Pril	*Pril entspannt das Wasser – darauf kommt es an!*
1962	Verpoorten	*Ei, Ei, Ei Verpoorten.*
1962	VW Käfer	*Er läuft und läuft und läuft.*
1962	Wienerwald	*Heute bleibt die Küche kalt, heut gehen wir in den Wienerwald.*
1963	Darmol	*Wer kennt ihn nicht, den Mann mit dem Licht.*
1963	Fleurop	*Sag es mit Blumen durch Fleurop – Blumen in alle Welt.*
1963	K2R	*Hab immer K2R zur Hand – der Fleck ist weg – ganz ohne Rand!*

1963	Lord Extra	*Genuss im Stil der neuen Zeit.*
1964	Deutsche Bundesbahn	*Fahr lieber mit der Bundesbahn.*
1964	Esso	*Pack den Tiger in den Tank!*
1964	Nogger	*Nogger dir einen!*
1964	Sunil	*Das strahlendste Weiß meines Lebens!*
1964	Wicküler	*Männer wie wir – Wicküler Bier.*
1965	BMW	*Aus Freude am Fahren.*
1965	Rachengold	*Ra-Ra-Ra-Ra-Rachengold.*
1965	Zucker	*Zucker zaubert.*
1966	Blend-a-med	*Damit Sie auch morgen noch kraftvoll zubeißen können.*
1966	Mars	*Mars bringt verbrauchte Energie sofort zurück.*
1966	OMO	*Keiner wäscht reiner!*
1966	Volvo	*Sicherheit aus Schwedenstahl.*
1967	Ariel	*Wäscht nicht nur sauber, sondern rein.*
1967	IMI	*Packt den Schmutz wie ein Magnet.*
1967	Whiskas	*Wir Katzen würden Whiskas kaufen.*
1968	afri-cola	*Sexy-mini-super-flower-pop-op-cola – alles ist in afri-cola.*
1968	Apollinaris	*Aus dieser Quelle trinkt die Welt.*
1968	Fernet-Branca	*Fernet-Branca hilft gegen Vampire.*
1968	Tesa	*Mit Tesa klebt sich's leichter.*
1969	Camel	*Ich geh meilenweit für eine Camel Filter.*
1969	Fa	*Mit der wilden Frische von Limonen.*
1969	Maoam	*Das fröhlich-fruchtige Kaubonbon.*
1969	Otto	*Schlag nach bei Otto, denn da steht was drin!*

Deutsche Standardsätze

Gibt es einen deutschen Bewusstseinsstandard, der sich in Sprache manifestiert? Man ist sich dessen nicht unbedingt bewusst, aber wenn man die Sätze in der Auflistung liest, fällt auf, dass diese Formulierungen häufiger gebraucht werden als andere Sprachprägungen. Einige sind allerdings mittlerweile aus der Mode gekommen.

Dafür bin ich nicht zuständig!

Der Herr war aber vor Ihnen!

Der tut nichts, der will nur spielen!

Dienstweg – unbefugtes Betreten verboten!

Draußen nur Kännchen!

Du bist noch im Wachstum, du brauchst deinen Schlaf!

Du hast heute Fernsehverbot!

Eltern haften für ihre Kinder!

Früher war alles besser!

Holen Sie bitte den Geschäftsführer!

Ich war aber vor ihnen da!

Ich will mich beschweren!

Muss das ausgerechnet jetzt sein?

Oh, mein Gott, was sollen bloß die Nachbarn denken!

Tut mir Leid, ich stand im Stau!

Was sein muss, muss sein!

Was soll bloß aus dir werden?

Wer A sagt, muss auch B sagen!

Wie siehst du denn wieder aus?

Wir schließen um 18:30 Uhr!

Zu Risiken und Nebenwirkungen lesen Sie die Packungsbeilage und fragen Sie Ihren Arzt oder Apotheker.

Lieblings-Western-Serien der Deutschen

Western sind heute aus der Mode, aber die folgenden Westernserien fesselten unsere Väter und Großväter und holten sie immer wieder und wieder vor die Mattscheibe. Mag sein, dass so via TV-Ausstrahlung auch etwas von Freiheit, Stolz, Ehre und echtem Mannesmut in deutsche Charaktere übertragen wurde.

Am Fuß der blauen Berge (1959–1970), 52 Folgen
Abenteuerliche Geschichten um Slim Sherman (John Smith), der von seinem Vater eine Ranch in Laramie geerbt hat und mit seinem Partner Jess Harper (Robert Fuller) eine Relay Station für Postkutschen betreibt.

Bonanza (1959–1967), 430 Folgen
Ben Cartwright (Lorne Greene) sorgt mit seinen Söhnen Adam Cartwright (Pernell Roberts), Hoss Cartwright (Dan Blocker) und Little Joe Cartwright (Michael Landon) für klare Verhältnisse auf der Ponderosa-Ranch. Für das leibliche Wohl ist der chinesische Koch Hop Sing (Victor Sen Yung) zuständig.

Rauchende Colts (1967–1972), 229 Folgen
Matt Dillon (James Arness) sorgt als Marshall in Dodge City für Recht und Ordnung.

High Chaparral (1969–1972), 46 Folgen
Thema sind Big John Cannon (Leif Erickson) und sein rauer Alltag als Viehzüchter in Arizona des Jahres 1870. Gemeinsam mit Bruder Buck kämpft er ums Überleben seiner Ranch, gegen Viehdiebe und Indianer.

Big Valley (1969–1970), 61 Folgen
Die verwitwete Matriarchin Victoria Barkley (Barbara Stanwyck) hat auf der Barkley-Ranch in Stockton, Kalifornien, im Jahre 1870 alles fest im Griff. Zahlreiche US-Stars traten in Gastrollen auf, so z. B. Charles Bronson, Dennis Hopper, Richard Dreyfuss, Ron Howard, Leslie Nielsen, Warren Oates, Anne Baxter, Harry Dean Stanton und William Shatner.

Lorne Greene in Bonanza

Die Leute von der Shiloh-Ranch (ab 1970), 225 Folgen
Die Shiloh Ranch in Wyoming gehört dem Richter Henry Garth (Lee J. Cobb). Die Cowboys The Virginian (James Drury) und Trampas (Doug McClure) sind die Stars der Serie.

Selbstmorde in Deutschland

Die Zahlen ergeben sich von 1955 bis 1990 aus der Summe der Selbstmorde in der BRD und DDR.

Jahr	männlich	weiblich	gesamt
1955	6 191	3 486	9 677
1960	6 640	3 577	10 217
1965	7 499	4 280	11 779
1970	8 230	4 816	13 046
1975	11 731	7 267	18 998
1980	8 332	4 536	12 868
1985	8 576	4 040	12 616
1990	6 853	3 142	9 995
1991	9 656	4 354	14 010
1992	9 326	4 132	13 458
1993	8 960	3 730	12 690
1994	9 130	3 588	12 718
1995	9 222	3 666	12 888
1996	8 728	3 497	12 225
1997	8 835	3 421	12 256
1998	8 579	3 069	11 648
1999	8 080	3 077	11 157
2000	5 850	5 215	11 065
2001	8 188	2 968	11 156
2002	8 106	3 057	11 163

(Quelle: Statistisches Bundesamt)

Deutsche Volksmusik & Co.

Alpenrebellen	Feiern ist ein Hammer
Astrid Harzbecker	O Maria, schütze die Berge
Bianca	Die Rosen der Madonna
Die Klosterthaler	Rock'n Roll muass sei
Die Zipfelbuben	Kedeng Kedeng
Edith Prock	Hörst du die Glocken von Stella Maria
Fred Bertelmann	In Hamburg sind die Nächte lang
Grashüpfer	Liebe kleine Schwarzwaldmarie
Heino	Sierra Madre
JoJo's	Der Rotwein wird mein Tod sein
Judith & Mel	Komm kuscheln
Kastelruther Spatzen	Alle Tränen der Erde
Marc Pircher	Hey Diandl spürst es so wie i
Margit Sponheimer	Mamatschi
Margret Almer	Jodeln in der Unterwelt
Maria & Margot Hellwig	Das Leben ist ein Gottesgeschenk
Münchner Zwietracht	Weißwurst – ich liebe dich
Nockalm Quintett & Stephanie	Dort auf Wolke sieben
Oliver Thomas	Butterfly
Original Mölltaler Vagabunden	Die Maserati Kathi
Patrick Lindner	Die kloane Tür zum Paradies
Stefan Mross	II Silenzio
Stefanie Hertel & Stefan Mross	Mambofieber
Wildecker Herzbuben	Herzilein

Torschützenkönige der Bundesliga

1964	Uwe Seeler	Hamburger SV	30 Tore
1965	Rudolf Brunnenmeier	TSV 1860 München	24 Tore
1966	Lothar Emmerich	Borussia Dortmund	31 Tore
1967	Gerd Müller	FC Bayern München	28 Tore
1967	Lothar Emmerich	Borussia Dortmund	28 Tore
1968	Hennes Löhr	1. FC Köln	27 Tore
1969	Gerd Müller	FC Bayern München	30 Tore
1970	Gerd Müller	FC Bayern München	38 Tore
1971	Lothar Kobluhn	Rot-Weiß Oberhausen	24 Tore
1972	Gerd Müller	FC Bayern München	40 Tore
		(Rekordschütze in einer Saison)	
1973	Gerd Müller	FC Bayern München	36 Tore
1974	Jupp Heynckes	Borussia Mönchengladbach	30 Tore
1974	Gerd Müller	FC Bayern München	30 Tore
1975	Jupp Heynckes	Borussia Mönchengladbach	27 Tore
1976	Klaus Fischer	FC Schalke 04	29 Tore
1977	Dieter Müller	1. FC Köln	34 Tore
1978	Dieter Müller	1. FC Köln	24 Tore
1978	Gerd Müller	FC Bayern München	24 Tore
1979	Klaus Allofs	Fortuna Düsseldorf	22 Tore
1980	Karl-Heinz Rummenigge	FC Bayern München	26 Tore
1981	Karl-Heinz Rummenigge	FC Bayern München	29 Tore
1982	Horst Hrubesch	Hamburger SV	27 Tore
1983	Rudi Völler	SV Werder Bremen	23 Tore
1984	Karl-Heinz Rummenigge	FC Bayern München	26 Tore
1985	Klaus Allofs	1. FC Köln	26 Tore
1986	Stefan Kuntz	VfL Bochum	22 Tore
1987	Uwe Rahn	Borussia Mönchengladbach	24 Tore
1988	Jürgen Klinsmann	VfB Stuttgart	19 Tore
1989	Roland Wohlfarth	FC Bayern München	17 Tore
1989	Thomas Allofs	1. FC Köln	17 Tore
1990	Jörn Andersen	Eintracht Frankfurt	18 Tore
1991	Roland Wohlfarth	FC Bayern München	21 Tore

1992	**Fritz Walter**	VfB Stuttgart	22 Tore
1993	**Ulf Kirsten**	Bayer Leverkusen	20 Tore
1993	**Anthony Yeboah**	Eintracht Frankfurt	20 Tore
1994	**Stefan Kuntz**	1. FC Kaiserslautern	18 Tore
1994	**Anthony Yeboah**	Eintracht Frankfurt	18 Tore
1995	**Heiko Herrlich**	Borussia Mönchengladbach	20 Tore
1995	**Mario Basler**	SV Werder Bremen	20 Tore
1996	**Fredi Bobic**	VfB Stuttgart	17 Tore
1997	**Ulf Kirsten**	Bayer 04 Leverkusen	22 Tore
1998	**Ulf Kirsten**	Bayer 04 Leverkusen	22 Tore
1999	**Michael Preetz**	Hertha BSC Berlin	23 Tore
2000	**Martin Max**	TSV 1860 München	19 Tore
2001	**Sergej Barbarez**	Hamburger SV	22 Tore
2001	**Ebbe Sand**	FC Schalke 04	22 Tore
2002	**Marcio Amoroso**	Borussia Dortmund	18 Tore
2002	**Martin Max**	TSV 1860 München	18 Tore
2003	**Giovane Elber**	FC Bayern München	21 Tore
2003	**Thomas Christiansen**	VfL Bochum	21 Tore
2004	**Ailton**	SV Werder Bremen	28 Tore
2005	**Marek Mintál**	1. FC Nürnberg	24 Tore
2006	**Miroslav Klose**	SV Werder Bremen	25 Tore

Die meisten Bundesliga-Spiele absolvierte Sepp Maier: Er trat 473-mal an.

Die meisten Bundesliga-Tore schoss Gerd Müller: Er traf 365-mal.

Neophyten

Neophyten sind Pflanzen, die nach Deutschland eingeführt werden, obwohl sie ursprünglich nicht in unseren Breiten vorkamen. Sie kamen als Zierpflanzen oder „illegal“ mit Warenlieferungen ins Land. Einige von ihnen werden zum massiven ökologischen Problem, weil sie a) hier keine Feinde haben oder b) heimische Pflanzen aus ihrer ökologischen Nische verdrängen.

Pflanze	botanischer Name
Amerikanische Kermesbeere	Phytolacca americana
Amerikanischer Stinktierkohl	Lysichiton americanus
Beifußblättriges Traubenkraut	Ambrosia artemisiifolia
Drüsiges Springkraut	Impatiens glandulifera
Essigbaum	Rhus typhina
Falsche Akazie	Robinia pseudoacacia
Götterbaum	Ailanthus altissima
Japanischer Staudenknöterich	Fallopia japonica
Kanadische Goldrute	Solidago canadensis
Kanadische Wasserpest	Elodea canadensis
Kartoffel	Solanum tuberosum
Kleinblütiges Knopfkraut	Galinsoga parviflora
Riesen-Bärenklau, Herkulesstaude	Heracleum mantegazzianum
Sachalin-Staudenknöterich	Fallopia sachalinensis
Schmalblättrige Wasserpest	Elodea nuttallii
Spätblühende Traubenkirsche	Prunus serotina
Späte Goldrute	Solidago gigantea
Topinambur	Helianthus tuberosus
Tomate	Solanum lycopersicum

Riesen-Bärenklau

Herkunft	Anmerkung
Nordamerika	Pflanze und unreife Früchte giftig
Nordamerika	verdrängt heimische Arten
Nordamerika	Pollen sind starke Allergieauslöser
Himalaja	dominiert ganze Flussauen
Nordamerika	–
Nordamerika	–
China, Korea	–
China, Korea, Japan	verdrängt heimische Arten
Nordamerika	verdrängt heimische Arten
Nordamerika	Verkrautung von Gewässern
Patagonien	wichtige Nahrungspflanze
Südamerika	als *Franzosenkraut* bekannt
Kaukasus	gefährliche Hautschäden möglich
Nordostasien	verdrängt heimische Arten
Nordamerika	Verkrautung von Gewässern
Nordamerika	Veränderung des Lichtklimas
Nordamerika	auch als Arzneipflanze genutzt
Nordamerika	verdrängt heimische Arten
Mittel- und Südamerika	wichtige Nahrungspflanze

Gescheiterte Kanzlerkandidaten

Einige Kandidaten brauchten mehrere Versuche, um Bundeskanzler zu werden, andere schafften es nie – ein Rückblick auf die „Versager" ganz oben.

Kandidat	gescheitert
Kurt Schumacher (SPD)	1949
Erich Ollenhauer (SPD)	1953
Erich Ollenhauer (SPD)	1957
Willy Brandt (SPD)	1961
Willy Brandt (SPD)	1965
Kurt Georg Kiesinger (CDU)	1969
Rainer Barzel (CDU)	1972
Helmut Kohl (CDU)	1976
Franz-Josef Strauß (CSU)	1980
Jochen Vogel (SPD)	1983
Johannes Rau (SPD)	1987
Oskar Lafontaine (SPD)	1990
Rudolf Scharping (SPD)	1994
Helmut Kohl (CDU)	1998
Edmund Stoiber (CSU)	2002
Guido Westerwelle (FDP)	2002

An einem konstruktiven Misstrauensvotum scheiterten:

Rainer Barzel (CDU)	1972
Helmut Schmidt (SPD)	1982

Wenig bekannte deutsche Weltmeister

Meister	Jahr	Sportart
Ernst Degner	1931	Motorrad, 50 Kubikzentimeter
Bernd Landvoigt	1951	Rudern
Jörg Landvoigt	1951	Rudern
Fritz Nachmann	1963	Rennrodler, Einsitzer
Thomas Fröschle	1972	Manipulation, Zauberkunst
Sascha Madl	1999, 2003	Armbrust
Jörg Teuchert	2000	Motorrad-Supersport
Nico Kunert	2001–2007	Kunstradfahren
Hajo Libor	2002–2004	Drachenboot mit Tschechien
Markus Del Monego	2003	Sommelier
Deutsche Bevölkerung	jedes Jahr	Brotessen
Herren-Nationalmannschaft	2007	Hallenhockey

Helden & Sagengestalten und ihr Inventar

Helden sind gefragt in Deutschland: Spiderman und Superman oder waffenstarrende Soldaten im Einsatz für die Freiheit, allzeit bereit, für einen unterdrückten Mitmenschen alles kurz und klein zu schlagen. Auch Sagenhaftes kommt an: Trolle, Orks und Hobbits suchen nach Ringen, und wo sie nicht Besitz von bundesdeutscher Fantasie genommen haben, regieren Harry Potter oder japanische Manga-Heroen.

Kein Missverständnis, jedem seinen Superhelden. Keine Deutschtümelei, keine Rückbesinnung auf fragwürdige germanische Wurzeln des Volkskörpers. Nur eine Anmerkung zu den folgenden Namen aus deutschen Heldensagen sei gestattet: Ist es nicht schade um all die farbigen Geschichten, um Ringe und Schwerter, Schätze und Drachen, die uns allen gehören und die verstaubt im Keller der Nation liegen? Wird es nicht Zeit, sie einmal hervorzuholen und abzustauben?

Alp zu den Truggeistern zählende Unholde, die sich im Traum auf die Brust eines Schlafenden setzen und ihn bedrängen und würgen

Alberich ein graubärtiger Zauberzwerg, Fürst der Schwarzelfen, später der König der Zwerge; seine Tarnkappe machte ihn unsichtbar und gab ihm zugleich die Kraft von zwölf Männern

Amelung ein Gotenkönig

Andwaranaut der verfluchte Ring des Zwerges Andawari

Biterolf der König von Spanien, Vater des Dietleib

Blödel in der Nibelungensage der Bruder des Etzel

Brünhild die Kämpferin im Panzerkleide, Walküre und Königin auf Isenland, Gattin des Gunther und Widersacherin von Siegfried und seiner Frau Kriemhild. Brünhild lässt Siegfried durch Hagen ermorden.

Dankwart Marschall der burgundischen Könige und Bruder des Hagen von Tronje

Dietrich der gewaltigste Held und Kämpfer, zugleich König von Bern, sein Schwert heißt Eckesachs.

Dunkel der Vater des Zwergenkönigs Nibelung

Etzel der Hunnenkönig, er residiert in Etzelburg inmitten einer großen Schar von Helden (darunter der verbannte Dietrich von Bern) als milder gütiger Fürst

Fafnir der Lindwurm, der den Nibelungenhort auf der Gnitaheide bewacht und von Siegfried getötet wird

Hagen König von Tronje aus dem Geschlecht der Burgunden und ein gewaltiger Kämpfer. Für seinen Herrn Gunther tötet er – in echter Nibelungentreue – Siegfried meuchlerisch und wird so zum Werkzeug der Rache Brünhilds. Als er von Dietrich von Bern gefangen genommen wird, stirbt er lieber durch Kriemhilds Hand, als das Versteck des Nibelungenhortes zu verraten.

Nibelung neben Schilbung einer der beiden Zwergenkönige des Nibelungenreiches

Odin der Gott der Schlachten

Olifant das Horn des Helden Roland

Roland Held, der für Karl den Großen in den Tod ging

Siegfried Held, Drachentöter und Besitzer des Nibelungenhorts

Wieland der kunstreiche Schmied der deutschen Heldensage, der in der germanischen Mythologie als göttergleiches Wesen erscheint und Hephaistos oder Vulcanus in der griechischen bzw. römischen Sage entspricht

Deutschlands Kirchtürme

Name	Stadt	Fertigstellung	Höhe in Meter
Ulmer Münster	Ulm	1890	161,5
Kölner Dom	Köln	1880	157,4
St. Nikolai	Hamburg	1874	147,3
St. Petri	Hamburg	1878	132,0
St. Michaelis	Hamburg	1786	132,0
St. Martin	Landshut	1500	130,6
St. Jacobi	Hamburg	1962	125,0
St. Marien	Lübeck	1350	125,0
Schweriner Dom	Schwerin	1892	117,5
St. Petri	Rostock	1577	117,0
St. Katharinen	Hamburg	1657	116,7
Freiburger Münster	Freiburg	1330	116,0
St. Andreaskirche	Hildesheim	1389	114,5
Schleswiger Dom	Schleswig	1894	112,0
St. Johannis	Lüneburg	14. Jahrhundert	108,7
St. Petri	Lübeck	1963	108,2
Regensburger Dom	Regensburg	1856	105,0
Marienkirche zu Stralsund	Stralsund	1478	104,0
St. Mauritius	Magdeburg	1520	104,0
Frauenkirche	München	1494	100,0
Dom St. Nikolai	Greifswald	1653	99,9
Dom St. Petri	Bremen	1888–1893	98,0
Marktkirche	Wiesbaden	1853–1862	98,0
Marktkirche	Hannover	14. Jahrhundert	97,3

Kölner Dom

Hofkirche Dresden	Dresden	1737–1751	95,0
St. Bartholomäus	Frankfurt am Main	1239	94,7
St. Andreas	Braunschweig	12. Jahrhundert	93,0
Bonner Münster	Bonn	16. Jahrhundert	92,0
Frauenkirche	Dresden, 1994–2005 rekonstruiert	1726–1743	91,2

Die deutschen Astronauten

Sie alle waren im All und haben unsere Erde aus einem ganz anderen Blickwinkel gesehen. Dieses Ereignis veränderte ihr Leben nachhaltig. Wer weiß, vielleicht werden wir auch eines Tages als Touristen denselben Ausblick genießen. Im Augenblick sprechen allerdings die Kosten und der Umweltaspekt stark gegen einen Massentourismus in das Weltall.

Astronaut	Jahr	Mission	Dauer
Thomas Reiter	2006	Raumstation ISS	172 Tage
Gerhard Thiele	2000	Space Shuttle *Endeavour*	11 Tage
Reinhold Ewald	1997	Mir	18 Tage
Thomas Reiter	1995/1996	Mir	177 Tage
Ulf Merbold	1994	Mir	31 Tage
Hans Schlegel	1993	D-2-Mission	10 Tage
Ulrich Walter	1993	D-2-Mission	10 Tage
Ulf Merbold	1992	Space Shuttle *Discovery*	8 Tage
Klaus Dietrich Flade	1992	Mir	8 Tage
Ernst Messerschmid	1985	D-1-Mission *Spacelab*	7 Tage
Reinhard Furrer	1985	D-1-Mission *Spacelab*	7 Tage
Ulf Merbold	1983	Space Shuttle *Columbia*	10 Tage
Sigmund Jähn (DDR)	1978	Raumschiff *Sojus 31* zu *Saljut 6*	8 Tage

Deutsche, die zu den Sternen wollen

Nach einer Umfrage wollen 31 Prozent der Deutschen ins All fliegen, meist, um dort auf intelligentes außerirdisches Leben zu treffen (80 Prozent der Wunschastronauten). Begleiten soll sie auf dieser Reise der eigene Lebenspartner (85 Prozent), Thomas Reiter (15 Prozent), Angelina Jolie (13 Prozent) oder Harald Schmidt (8 Prozent).

(Quelle: Umfrage der Gesellschaft für Konsumforschung, MPG Solutions/GfK)

Zeitströmungen der Reiselust

Mit letzter Sicherheit lässt es sich nicht sagen, wohin der durchschnittliche Deutsche in einem bestimmten Abschnitt eines Jahrzehnts in Urlaub gefahren ist. Aber aus dem kollektiven Bewusstsein unserer Nation lassen sich Erinnerungen und Beobachtungen rekonstruieren, die in etwa beschreiben, wann die Deutschen wie ihre Urlaubstage verbrachten.

1950: mit der Bahn in die Lüneburger Heide, zu Tante Klara
1955: mit dem Motorroller an die Nordsee, zelten
1957: mit dem Reisebus in den Schwarzwald, Fremdenzimmer im Gasthof
1958: mit dem VW-Käfer nach Österreich, Campingurlaub im Vierpersonenzelt
1960: mit dem Borgward nach Italien, Urlaub in der Pension
1965: erste Flugreise nach Mallorca
1970: mit Neckermann nach Jugoslawien, Rumänien, Bulgarien
1980: Frankreich, Spanien, Griechenland, Türkei
1990: Karibik-Kreuzfahrt, Kluburlaub in Tunesien, Fotosafari in Kenia
2000: Mexiko, Südafrika, Sri Lanka, Malediven, Mauritius

Praktizierte Alternativen

Was Deutsche so alles zu ihrem Wohlbefinden vom Heilpraktiker und alternativen Medizinern brauchen:

10-Tage-Entschlackungskur Ausgleich Säure/Basenhaushalt, Gewichtsreduktion, Meersalz, Algenwickel, Vitalfeld-Therapie

3-Monats-Abnehmkurs gezielte Bewegung, bewusste Ernährung, Entspannungstraining

Aura- und Chakren-Balancing Lichtdusche

Bindegewebsmassage nach Dicke mit streichenden und ziehenden Fingern Ausgleich erhöhter Spannungen

Bioenergetische Abklärung relevanter Therapieblockaden mittels ganzheitsmedizinischer Anamnese und Auffinden von Blockaden durch Narben, Kiefergelenk, Wirbelsäule, Allergene, Störfelder, Elektrosmog

Bioresonanztherapie und Kinesiologie Ursachenfindung verschiedener Körpersymptome wie Allergie, Migräne, chronische Schmerzen, Hautprobleme, Müdigkeit, Schlaflosigkeit

Breuss-Massage mit Johanniskrautöl Bandscheibenmassage, durch die körperliche Blockaden gelöst werden

Cellulite-Behandlungen Hypoxitrainer, Stromtherapie, Aromatherapie, Schlankheits- und Algenwickel

Cranio Sacrale Impulsregulation sanfte, aber tiefgreifende Form der Körperarbeit

Elektrotherapie elektrische Ströme zur Behandlung von Schmerzen, Durchblutungsstörungen, Bewegungseinschänkungen, Lähmungen, Muskelschwäche

Ernährungscoaching und Lebensmitteltest typgerechte Ernährungsberatung zugeordnet den vier Elementen: Feuer, Wasser, Erde, Luft

Fango-, Moor-, Munari-Packung Anwendungen zur Behandlung von Durchblutungsstörungen, Gelenkserkrankungen und Muskelverspannungen

Fußmassage zur Harmonisierung des Körpers und zum Abbau von Spannungen

Fußreflexzonenmassage nach H. Marquardt lokale Mehrdurchblutung des Fußes zur Behandlung gestörter Organ- und Gewebefunktionen

Ganzkörpermassage zur Tiefenentspannung

Hot-Stone-Massage alte asiatische Massagemethode, in der mit warmen Specksteinen und einem tibetischen Heilkräuteröl massiert wird

Lichttherapie zur Behandlung von Depressionen und Schlafstörungen

Lymphdrainage nach Dr. Vodder Förderung des Rückflusses von Flüssigkeit in Venen und Lymphbahnen

Magnetfeldtherapie statische oder pulsierende Magnetfelder mit verschiedenen Frequenzen

Meridianmassage (Akupunktur nach Penzl) folgt dem Verlauf der Meridiane des Körpers und den Gesetzen der Akupunktur

Metamorphische Methode Begrenzungen fallen lassen, sich im Leben vorwärtsbewegen

Neurolinguistisches Programmieren gesprächs-, verhaltens-, hypno- und körperorientierte Psychologieansätze

Nuad traditionelle Behandlungstechnik aus Thailand; Mischung aus Akupressur, Reflexzonenmassage, Dehnungs- und Yogaübungen

Paraffinbad für Hände spezieller Paraffinwärmer zur Öffnung der Hautporen

Phytobiodermie Ganzheitskosmetik nach den fünf chinesischen Elementen: Holz, Feuer, Erde, Metall, Wasser

Reiki universelle Lebensenergie, weitergegeben durch Berührung mit den Händen

Reinkarnations-Gruppen-Therapie Wiedergeburt gemeinsam erleben

Selfprocessing Reinigungsprozess zur inneren Transformation

Vitalfeldtherapie Regeneration des Vitalfelds als elektromagnetisches Abbild der körperlichen Situation

Yoga Übungen, die Körper, Geist und Seele in Einklang bringen

Zukunftsfantasien vergangener Tage

Deutschland war in den 1950er- bis 70er-Jahren Teil einer weltweiten Woge von Fortschrittseuphorie. Die Zukunft sah dank Technik und Wissenschaft mehr als rosig aus. Man lebte und konsumierte, als gäbe es kein Morgen, vor allem in den 70er-Jahren in der sicheren Gewissheit, die Wissenschaft wird es schon in den Griff kriegen, wenn die Krise kommt. Erst später irritierten Ölschock, Waldsterben und Ozonloch.

um 1953
Revolutionäre Verkehrsideen wie Flugverkehrsdrehkreuz auf dem Nordpolareis • Einschienenbahn mit 300 Kilometer pro Stunde • Autos mit automatischem Klappverdeck • fliegende Boote • Kleidung aus der Retorte • künstliche Knochen und künstliches Blut

um 1954
Fliegende Automobile • Atomkraftzukunft

um 1956
Städte unter dem Ozean

um 1958
Menschen auf dem Mond • Mondstädte unter Kunststoffkuppeln, miteinander durch unterirdische Tunnel verbunden • Energie aus Atomkraft oder Sonnenbatterien • Bergwerke • Radieschen so groß wie Dattelpalmen • Utopischer Verkehr, ellipsen-, nicht kutschenförmige Autos mit Radarbremsen • kreuzungslose Straßen • Stadtverkehr mit kleinen Hubschraubern, von Radarstrahlentürmen gesteuert • Landeplätze auf den Dächern • Verkehrspolizei in der Luft • Wohnen in Häusern aus Kunststoff

um 1966
Raumstationen und Kolonien auf fremden Planeten • die Informationsgesellschaft

um 1967
Megastädte aus Beton • Personenrohrpost, druckluftbetriebene Personenbeförderung in Röhren der zukünftigen Megastädte • intelligente Haushaltsroboter

um 1974

Bewegliche Gehsteige • geräuschfreie Eisenbahnen • Autos mit Atomenergieantrieb • Transportraketen

um 1975

Weltstadt mit 15 Milliarden Einwohnern, die sich nahezu über die ganze Erdoberfläche erstreckt • Personenfließbänder • Raketenaufzüge • Naturreste in geschützten Reservaten (etwa zehn Prozent der Erdoberfläche) • Superzüge in Vakuumröhren, mehrfach schneller als der Schall • holografische Kommunikation • 30-Stunden-Woche • fünf Milliarden „Freizeitbürger" • für alle schweren Arbeiten Roboter • intelligente Dienstleistungstechnik • Biotechnologie besiegt alle Krankheiten inklusive Krebs • unter Kunststoffkuppeln werden industriell Nahrungsmittel für alle erzeugt • Sonnenkraftwerke in der Erdumlaufbahn, deren Energie per Mikrowellenstrahlung zur Erde geleitet wird • Weltregierung

um 1977

Gleitflächen-„Autoboot" mit Wankelmotor • elektronische Fahndung per Computer • Atomenergieparadies und Kernfusionsreaktor • Wissensgesellschaft • computergesteuerte Kleinkabinenbahnen in den Städten • Mikrominiaturisierung

Neozoa

Neozoa sind Tierarten, die seit Beginn der Neuzeit aus anderen Lebensräumen durch direktes oder indirektes menschliches Handeln nach Deutschland gelangt sind und hier heimisch wurden – oft zum Schaden der vorhandenen Tierarten.

Tierart	zoologischer Name
Amerikanischer Flusskrebs	Orconectes limosus
Blaubandbärbling	Pseudorasbora parva
Feuerlibelle	Crocothemis erythraea
Schnappschildkröte	Chelydra serpentina
Giebel	Carassius auratus
Graskarpfen	Ctenopharyngodon idella
Kartoffelkäfer	Leptinotarsa decemlineata
Mandarinente	Aix galericulata
Marderhund	Nyctereutes procyonoides
Mink	Mustela vison
Nilgans	Alopochen aegyptiacus
Nutria	Myocastor coypus
Reblaus	Dactylosphaera vitifoliae
Regenbogenforelle	Oncorhynchus mykiss
Sikahirsch	Cervus nippon
Silberkarpfen	Hypophtalmichthys molitrix
Sonnenbarsch	Lepomis gibbosus
Halsbandsittich	Psittacula krameri
Kanadagans	Branta canadensis
Waschbär	Procyon lotor
Türkentaube	Streptopelia decaocto

Kanadagans

Herkunft	Anmerkung
Nordamerika	seit 1890 in Deutschland
Asien	bei uns frei lebend seit etwa 1960
Südeuropa, Westasien, Afrika	bei uns frei lebend seit etwa 2000
Nordamerika	aggressiv, bissig
Zentral- und Ostasien	auch Wilder Goldfisch genannt
China	bei uns frei lebend seit etwa 1960
Nordamerika	seit 1877 Agrarschädling
Japan, China und Korea	Zierente
Sibirien, China, Japan	bei uns frei lebend seit etwa 1960
Nordamerika	bei uns frei lebend seit etwa 1950
Afrika	bei uns frei lebend seit etwa 1970
Südamerika	bei uns frei lebend seit etwa 1930
Nordamerika	bei uns frei lebend seit etwa 1870
Nordamerika	bei uns frei lebend seit etwa 1880
Ostasien	bei uns frei lebend seit etwa 1950
Ostasien	bei uns frei lebend seit etwa 1960
Nordamerika	bei uns frei lebend seit etwa 1900
Afrika, Asien	bei uns frei lebend seit etwa 1990
Kanada, Nordamerika	bei uns frei lebend seit etwa 1970
Mittel- und Nordamerika	seit Mitte der 1930er-Jahre in Deutschland
Asien	bei uns frei lebend seit etwa 1990

Hat die deutsche Sprache allergene Eigenschaften?

Integration fördert Allergien! Nach einer Studie aus der Arbeitsgruppe des Allergologen Dr. Hans Ulrich Wahn (Berliner Charité) mit Kindern aus Berlin-Wedding gibt es einen überraschenden Zusammenhang zwischen der gesprochenen Sprache in der Familie und der Allergieanfälligkeit: Türkischstämmige Kinder, die zu Hause mit ihren Eltern Deutsch sprechen, sind demnach ebenso anfällig für Allergien wie deutschstämmige Kinder. Wird zu Hause allerdings ausschließlich Türkisch gesprochen, fällt das Allergierisiko deutlich geringer aus.

(Quelle: www.charite.de)

Mimar Sinan Moschee, Wesseling

Wahlkampfslogans nach Schlagworten

Mensch
Der Mensch im Mittelpunkt. (1961, SPD)
Menschlichkeit, Gerechtigkeit, Frieden. Dafür kämpfen wir weiter. (1972, SPD)
Näher am Menschen. (1994, CSU)
Besser für die Menschen. (2003, CDU)

Freiheit
Freiheit – Gerechtigkeit – Frieden. (1949, CDU)
Für ein freies Deutschland in einem neuen Europa. (1949, FDP)
Einheit – Freiheit – Frieden. (1953, CDU)
Auch morgen in Freiheit leben. (1961, CDU)
Freiheit, Fortschritt, Leistung. (1976, FDP)
Mehr Freiheit durch eigene soziale Sicherheit. (1976, SPD)
Freiheit braucht Mut. (1983, FDP)
Freiheit – Wohlstand – Sicherheit. (1990, CDU)
Freiheit statt Sozialismus. (2005, FDP)
Mehr FDP – Mehr Freiheit. (2005, FDP)

Frieden
Für Frieden, Freiheit, Sozialismus. (1949, SPD)
Friede und Sicherheit durch Verständigung – nicht Kriegsgefahr durch Wettrüsten! (1953, SPD)
Für die Einheit Deutschlands in Frieden und Freiheit. (1953, SPD)
In Frieden für alle das tägliche Brot. (1953, CDU)
Damit Sie auch morgen in Frieden leben können. (1969, SPD)
Für Frieden und Freiheit. CDU – sicher, sozial und frei. (1980, CDU)
Kanzler für Frieden und Freiheit. (1980, CDU)
Statt Krieg der Sterne Frieden auf Erden. (1987, SPD)
Damit der Friede sicher bleibt und deutsche Interessen zählen. (1987, SPD)
Frieden wählen! (1998, CDU)

Zukunft
Denkt an morgen – wählt CDU. (1961, CDU)
Die beste Zukunft, die Sie wählen können. (1969, SPD)
Unsere Zukunft in guter Hand. (1969, CDU)
Zukunft durch Leistung. (1987, FDP)
Auf in die Zukunft – aber nicht auf roten Socken. (1994, CDU)
Politik ohne Bart – sicher in die Zukunft. (1994, CDU)
Zukunft wagen. Liberal wählen. (1994, FDP)

Vertrauen
Auf Strauß vertrauen – Strauß wählen. (1976, CSU)
Der Mann, dem man vertrauen kann. (1976, CDU)
Dieser Kanzler schafft Vertrauen. (1983, CDU)
Vertrauen in Deutschland. (2005, SPD)

Gerechtigkeit
Mehrheit für soziale Gerechtigkeit. (1987, SPD)
Damit Gerechtigkeit regiert, nicht soziale Kälte. (1987, SPD)

Arbeit
Hirnlosigkeit heute – Arbeitslosigkeit morgen. (1969, FDP)
Arbeit, Frieden, Zukunft. Miteinander schaffen wir's. (1983, CDU)
Arbeit, Frieden, Zukunft. Miteinander schaffen wir's. (1983, CDU)
Mehrheit für mehr Arbeitsplätze. (1987, SPD)
Sichere Arbeitsplätze, saubere Luft, wirtschaftlich stark. (1990, SPD)

Sicherheit
Sicherheit mit Ollenhauer. (1957, SPD)
Sicher ist sicher. (1965, SPD)
Sicher in die 70er Jahre. (1969, CDU)
Sicher, sozial und frei. (1976, CDU)
Sicherheit für Deutschland. (1980, SPD)
Sicher, sozial und frei. (1980, CDU)
Politik ohne Bart – sicher in die Zukunft. (1994, CDU)

Deutschland
Deutschland darf nicht sozialistisch werden. (1949, FDP)
Deutschland wählt Adenauer. (1953, CDU)
Für die Einheit Deutschlands in Frieden und Freiheit. (1953, SPD)
Einheit für Deutschland – Freiheit für Europa – Frieden in der Welt. (1957, CDU)
Deutschland braucht eine starke Regierung! (1961, CDU)
Aus Liebe zu Deutschland: Freiheit statt Sozialismus. (1976, CDU)
Kanzler für Deutschland. (1976, CDU)
Modell Deutschland – SPD – mehr Freiheit durch eigene soziale Sicherheit. (1976, SPD)
Deutschland braucht die FDP. Die FDP braucht Ihre Zweitstimme. (1983, FDP)
Kanzler für Deutschland. Freiheit – Wohlstand – Sicherheit. (1990, CDU)
Deutschland fair ändern. (2003, CDU)
Deutschland braucht den Wechsel. (2005, CDU)
Deutschland kann mehr. (2006, FDP)

Wohlstand

Wohlstand für alle. (1957, CDU)
Der Wohlstand ist für alle da! (1961, SPD)

Damit

Damit ein Bayer Kanzler wird. (1980, CSU)
Damit Deutschland stabil bleibt. (1994, CSU)
Damit es weiter aufwärtsgeht. (1994, CDU)
Damit unsere Kinder leben können: Umweltsünder hart packen. (1987, SPD)
Damit Bayern stark bleibt. (2003, CSU)

Wir

Wir wählen wieder CSU. (1953, CSU)
Wir brauchen Ihre Stimme. (1955, SPD)
Wir versprechen keine Wunder – aber wir halten Wort. (1957, SPD)
Wir sind eine Familie. (1961, SPD)
Wir haben die richtigen Männer. (1969, SPD)
Wir schaffen das moderne Deutschland. (1969, SPD)
Wir schaffen die alten Zöpfe ab. (1969, FDP)
Wir bauen den Fortschritt auf Stabilität. (1972, CDU)
Wir brauchen wieder Stabilität und Vernunft. (1972, CSU)
Wir brechen Bahn für Europa. (1984, FDP)
Gemeinsam schaffen wir es. (1990, CDU)
Gemeinsam sind wir stark. (1994, SPD)
Wir oder die. (1998, FDP)
Wir sind bereit. (1998, SPD)
Wir können Europa besser. (2004, FDP)
Wir für den Wechsel. (2005, CSU)

Neu

Neue Besen kehren gut. (1965, SPD)
Neue Wege wagen, darum FDP. (1965, FDP)
Neue Mitte. (1998, SPD)
Neue Stärke. (2004, SPD)

Frauen diskriminierende Ausdrücke

90-60-90 • Alte • aufgetakelte Fregatte • Baby • Bitch • Bordsteinschwalbe • Bratze • Braut • Brunzkachel • Bunny • Dorfmatratze • dumme Kuh • Entsafter • Entspannungstherapeutin • Flittchen • Fotze • Freischaffende • Fräulein • gedopte Gans • Gunstgewerblerin • Ische • Käfer • Kratzbürste • Labertasche • Lolita • Luder • Lustschwalbe • Mädel • Mannweib • Mauerblümchen • Maus • Mäuschen • Mieze • Mistpritsche • Miststück • Mutti • Nervensäge • Nur-Hausfrau • Nutte • Olle • Panikhenne • Perle • Pferdchen • Pissnelke • Pritsche • Püppchen • Pussy • Qualle • Sahneschnitte • Schabracke • Schickse • Schlampe • Schnalle • Schnepfe • Schnitte • Schreckschraube • Sumpfhuhn • Sumpfkuh • Thekenschlampe • Thusnelda • Tucke • Tusse • Tussi • Vamp • Waagerechte • Wanderpokal • Waschweib • Xantippe • Zahn • Zicke • Zimtziege

Männer diskriminierende Ausdrücke

Alpha-Tier • Anbaggerer • Angeber • Angsthase • Anmacher • Armleuchter • Arsch mit Ohren • Arschgesicht • Aufreißer • Blondieficker • Bock • Casanova • Chauvi • Dämlack • Daumenlutscher • Depp • Don Senilo • Dummdödel • Dummkopf • fauler Sack • Freak • Fuzzy • Gaffer • Gehirnamputierter • Gigolo • Hengst • Hirni • Kerl • komischer Kauz • Kotzbrocken • Lackaffe • Langweiler • Leckarsch • Linkswichser • Loser • Luftikus • Lusche • Lustgreis • Macho • Macker • Möchtegern • Muttersöhnchen • Nichtsnutz • Notgeiler • Pascha • Penner • Schlaffsack • Schlaftablette • Schlappschwanz • Schnösel • Schwachmat • Schwanzlurch • Sesselfurzer • Sitzpinkler • Snob • Spasti • Stehpinkler • Tattergreis • Teetrinker • Tier • Traumtänzer • Trottel • Versager • Verbalerotiker • Warmduscher • Weichei • Zwerg

Hersteller von Gartenzwergen

Kein Garten ohne Zwerg – kein Zwerg ohne Garten. Nach Schätzungen stehen heute in deutschen Gärten etwa 25 Millionen Gartenzwerge.

Hersteller	Ort
Rakso Oskar Schneider	96465 Neustadt
Zwergen-POWER	65510 Hünstetten
Gartenzwergmanufaktur Philipp Griebel	99330 Gräfenroda
Gustav Liebermann GmbH & Co KG	96465 Neustadt
Otto Müller	96465 Neustadt

Ganz besonders groß

Konstantin Klein, der derzeit größte Deutsche, Schuhgröße 53	2,23 Meter
Antje Dethloff, die derzeit größte deutsche Frau	2,06 Meter
Christoffel Münster (1632–1676), Gänsehirt, der größte Deutsche aller Zeiten	2,48 Meter
Völkerschlachtdenkmal, das größte Denkmal Deutschlands und Europas	91,00 Meter
Staatsverschuldung 2007, die größte aller Zeiten	über 1 500 000 000 000 Euro

Deutschlands Nachbarstaaten

Deutschland ist umgeben von den Nachbarstaaten:

Dänemark

Niederlande

Belgien

Luxemburg

Frankreich

Schweiz

Österreich

Tschechische Republik

Polen

Historische deutsche Automarken

Adler
Apollo
Auto Union
Benz
Borgward
Dixi
DKW
FMR
Fuldamobil
Gagexakt
Glas
Goggomobil
Heinkel
Horch
Karmann Ghia
Kleinschnittger
Lloyd
Magirus-Deutz
Mauser
Mercedes
Messerschmitt
Miele
NSU
Orient Express
Röhr
Rumpler
Simson
Stoewer
Triumph
Wanderer

DDR-Hits

In der Bundesrepublik weitgehend unbekannt geblieben, waren dies die großen Hits in der Deutschen Demokratischen Republik:

Achim Mentzel	Ein Sonntagnachmittag Wir sind keine Engel
Angelika Mann	Pinguin-Mambo
Bärbel Wachholz	Damals
Berluc	Die Erde lebt Ganz nah Glaube an dich No bomb
Chris Doerk	Lieb mich so, wie dein Herz es mag
City	Am Fenster Casablanca Der King vom Prenzlauer Berg Glastraum
Dagmar Frederic	Sag Adieu (Petite Fleur) Unter einem Regenschirm am Abend
Diana Leonhardt	Flieg, mein Adler flieg Gib meinem Herz ein wenig Zeit
Die Girls feat. DJ Sascha	Sing mei Sachse sing
Die Rachenputzer	Am Ufer der Elbe
Eisbrenner	Ewige Jagdgründe Nordwind Wohin
Ekki Göpelt	Ich will doch nur, dass man mich liebt
Electra	Das Bild Erinnerung Vier Milliarden in einem Boot
Elke Martens	Himmel & Hölle Im Namen der Liebe
Fischer & Fischer	In Gefühlen verfangen Mit dir zum Mississippi geh'n Weil es dich gibt

Frank Schöbel	Ohne dich Tief in den Herzen Wie ein Stern
Fred Weyrich	Ene Bubbe aus Meisner Porzellan
Gaby Rückert	Teil mit mir
Gerd Christian	Sag ihr auch
Harlekin	Dann frag' deinen Stern Du bist purer Wahnsinn
Hauff & Henkler	Das Glück hat noch keinen vergessen Nikolaja-Nikolai
Helga Hahnemann	Dicke da Een kleent Menschenkind Jetzt kommt dein Süßer
Helga Zerrenz	Abschied vom Meer
Herbert Köfer	Ich seh' noch Licht
IC	Mann im Mond Wunderland
Ingo Koster	Mokka-Milch-Eisbär
Jana-Bara	Ich will mehr davon Mit dir
Jürgen Hart	Sing mei Sachse sing
Jürgen Walter	Schallala Schallali
Karat	Abendstimmung Atemlos Der blaue Planet Der Garten Eden König der Welt Märchenzeit Marionetten Schwanenkönig Suche ein Zimmer Über sieben Brücken musst du gehen Wenn das Schweigen bricht
Karsten Speck	Heut liegt was in der Luft
Karussell	Angie Als ich fortging Autostop Der Sonne entgegen Entweder oder

	Löwenherz
	Marie
	Schattenkreuze
Keimzeit	Irrenhaus
Kreis	Doch ich wollt es wissen
Lift	Am Abend mancher Tage
Magdeburg	Was wird morgen sein
Manfred Krug	Männer
	Niemand liebt dich so wie ich
Merlin	After the War
Michael Hansen	Als ich ein kleiner Junge war (Di-Di-O-Day)
Mobil Showband	Holiday Dreamer
Monika Herz	Kleiner Vogel
Muck	He kleine Linda
Nina Lizell	Der Mann mit dem Panamahut
Olaf Berger	Es kommt so oder so
Perl	Zeit, die nie vergeht
Peter Albert	Blonder Engel
	Tausendmal Du
Prinzip	Mama
Puhdys	Alt wie ein Baum
	Das Buch
	Der Außenseiter
	Doch die Gitter schweigen
	Erinnerung
	Fern von Zuhaus
	He John
	Kleiner Planet
	Lachen und Schweigen
	Langstreckenlauf
	Lebenslauf
	Melanie
	Rockerrente
	Schlaf mit mir
	Sehnsucht
	TV-Show
	Was vom Leben bleibt
	Wenn Träume sterben
	Wilde Jahre

Ralf Bursy	Eh die Liebe stirbt Feuer im Eis Kalte Augen Lebensroulette Schläfst du schon? Wenn ich dich nicht halten kann
Rockhaus	Ich liebe dich Mich zu lieben Wohin?
Sandra Mo & Valentino	Frei wie der Wind
Sandra Mo & Jan Gregor	Hätt ich nochmal die Wahl
Schubert-Formation	Dommer Ade
Silly	Bataillon d'Amour Mont Klamott Verlorene Kinder
Simone Christ	Wo eine Träne noch zählt
Sonja Schmidt	Ein himmelblauer Trabant
Stern Meißen	Der eine und der andere Die Sage Ich bin frei Leben möcht ich Mein Weg Nicht allein Schönheit Starmädchen Stundenschlag Was fang ich an
Uta Bresan	Philippo, Philippo Tausendundeine Nacht vorbei
Ute Freudenberg & Elefant	Jugendliebe
Ute Freudenberg	Ein Tag wie heut (One Moment in Time) Jugendliebe
Veronika Fischer	Hänschen groß In jener Nacht
Viper	Tomp Of Lies
Wolfgang Lippert	Erna kommt
Wolfgang Ziegler	Verdammt

Die Staatskasse 2007

Früher waren es Millionen Deutsche Mark, und schon in jenen Tagen wurde den Bundesbürgern ganz anders, wenn es um die Ausgaben des Staates und seiner Institutionen ging. Heute wird nur noch über Milliarden Euro geredet, und seitdem das Wort *Peanuts* für Beträge in Millionenhöhe benutzt wurde, tauchen Millionen nur noch als Stellen hinter dem Komma auf. Auch wenn die Einnahmen- und die Ausgabenseite sauber aufeinander abgestimmt erscheinen, ist dies doch für den Durchschnittsmenschen eine schwindelerregende Auflistung.

Was der Staat einnimmt

Steuereinnahmen	220,5 Milliarden Euro
Einnahmen aus Krediten	19,6 Milliarden Euro
sonstige Einnahmen	30,4 Milliarden Euro
	270,5 Milliarden Euro

Wer gibt das meiste Geld aus im Staat? Eine Milliarden-Hitliste

Bundesministerium für Arbeit und Soziales	124,1 Milliarden Euro
Bundesschuld	40,5 Milliarden Euro
Bundesministerium der Verteidigung	28,4 Milliarden Euro
Bundesministerium für Verkehr, Bau und Wohnungswesen	24,6 Milliarden Euro
Bundesministerium für Bildung und Forschung	8,5 Milliarden Euro
Bundesministerium für Wirtschaft	6,0 Milliarden Euro
Bundesministerium für Familie, Senioren, Frauen und Jugend	5,3 Milliarden Euro

Bundesministerium für Verbraucherschutz, Ernährung und Landwirtschaft	5,2 Milliarden Euro
Allgemeine Finanzverwaltung	4,8 Milliarden Euro
Bundesministerium der Finanzen	4,6 Milliarden Euro
Bundesministerium für wirtschaftliche Zusammenarbeit und Entwicklung	4,5 Milliarden Euro
Bundesministerium des Inneren	4,5 Milliarden Euro
Bundesministerium für Gesundheit und soziale Sicherung	2,9 Milliarden Euro
Auswärtiges Amt	2,5 Milliarden Euro
Bundeskanzlerin und Bundeskanzleramt	1,7 Milliarden Euro
Bundesministerium für Umwelt, Naturschutz und Reaktorsicherheit	0,84 Milliarden Euro
Deutscher Bundestag	0,63 Milliarden Euro
Bundesministerium der Justiz	0,5 Milliarden Euro
Bundespräsident und Bundespräsidialamt	0,25 Milliarden Euro
Bundesrechnungshof	0,11 Milliarden Euro
Bundesverfassungsgericht	0,02 Milliarden Euro
Bundesrat	0,02 Milliarden Euro
	270,5 Milliarden Euro

Erlaubt? Verboten?

Verbote sind immer ein Thema. Es sind gerade die ver-botenen Dinge, für die wir uns besonders interessieren. Verbotsübertretungen und Gesetzesverstöße finden immer ihren Niederschlag in den Medien, in Diskussionen reden wir uns die Köpfe darüber heiß, was erlaubt und was verboten sein sollte. Und nicht zuletzt ist der Kriminalroman die Literaturform, in der das gesetzliche Verbot und seine Übertretung zelebriert, bestraft und voyeuristisch genossen werden.

Verbotenes hat aber im Falle der deutschen Nation noch eine andere signifikante Bedeutung: Die folgenden, in ihrer Vereinfachung scherzhaft gemeinten Sätze, sagen einiges darüber aus, wie wir uns selbst wahrnehmen:

> In den USA ist alles erlaubt – außer, wenn es verboten ist.
>
> In Deutschland ist alles verboten – außer, wenn es ausdrücklich erlaubt ist.
>
> In der DDR (in der Sowjetunion, in Polen) war alles verboten – auch wenn es erlaubt war.
>
> In Frankreich (Italien, Spanien, Großbritannien) ist alles erlaubt – auch wenn es verboten ist.
>
> Und in Italien (in Brasilien, in Spanien, auf den Bahamas) ist alles erlaubt – besonders wenn es verboten ist.

Erlaubt in Deutschland:

passive Sterbehilfe
beim Einkauf die Packung aufreißen (man muss nicht kaufen, aber möglicherweise die Verpackung bezahlen ...)
das Verschenken von gebrannten CDs an Verwandte oder Freunde
die Autowäsche auf dem eigenen Grundstück mit klarem Wasser, sofern nur die Karosserie gereinigt wird und nur, sofern der Waschplatz befestigt ist und über die öffentliche Mischwasserkanalisation entwässert wird

Definitiv in Deutschland verboten:

Arztwerbung
Biowaffenforschung
Bücher über den Anbau von Marihuana
das Einfrieren künstlich befruchteter Eizellen
das Fangen und Töten von Maulwürfen
das Kupieren (das Stutzen von Schwanz und Ohren) bei Hunden
das Stopfen von Gänsen (Zwangsfütterung)
das Tragen von Kopftüchern für muslimische Lehrerinnen während des Unterrichts (in einigen Bundesländern)
das Tragen von Uniformen auf Passfotos (außer bei Dienstausweisen)
das Trocknen von Weintrauben auf Strohmatten, um ihren Zuckergehalt zu erhöhen (sogenannter „Strohwein")
den Parkautomaten benutzen, der auf der anderen Straßenseite steht
den Parkschein an andere weitergeben
den Parkschein ein zweites Mal benutzen, weil noch Zeit drauf ist
der Anbau von Marihuana
der Aufruf zum Wahlboykott
der Beischlaf zwischen Verwandten
der Betrieb von Pferderennbahnen durch privatwirtschaftliche Investoren
der Einsatz von DDT als Insektizid
der Einsatz von Nikotin zur Schädlingsbekämpfung
der gewerbliche Handel mit einheimischen geschützten Pilzen
der Handel mit Drogen
der private Besitz von Hackersoftware
der Verkauf unberingter Vögel
der Verkauf von destilliertem Wasser für Trinkzwecke
der Verkauf von Hitlers *Mein Kampf*
der Verkauf von Munition ohne Kaliberangabe
die Desinfektion mithilfe von radioaktiver Strahlung
die Amputation von Katzenkrallen
die Anwendung persistenter chlorierter Kohlenwasserstoffe
die Anwendung von Pfefferspray gegen Menschen
die Anwendung von Selenverbindungen in Pflanzenschutzmitteln
die Behandlung tollwutverdächtiger Tiere (sie müssen getötet werden)
die beiden ersten Strophen des Deutschlandliedes
die Diskriminierung von Homosexuellen
die Einfuhr von Produktfälschungen
die Fallenjagd auf Vögel
die Genitalverstümmelung von Frauen und Mädchen

die Haltung und Zucht von Schnappschildkröten

die heimliche Überwachung des Internetzugangs durch den Arbeitgeber

die Leugnung des Holocausts an den Juden während des Naziregimes

die nichtgewerbliche Alkoholherstellung (Schnapsbrennen) außer mit nicht registrierungspflichtigen Anlagen (Kesselvolumen < 0,5 Liter)

die NSDAP/AO

die rituelle Beschneidung durch einen Beschneider (Chirurgische Eingriffe dürfen in Deutschland nur von Medizinern vorgenommen werden.)

die sogenannte Tachojustierung (die nachträgliche Veränderung des Tachometerstandes)

die Strahlenbehandlung von Lebensmitteln

die Verwendung des Zeichens ™

die Verwendung von Nazisymbolen

ein Automobil im Stand warmlaufen lassen

eine Urne außerhalb eines Friedhofs aufbewahren

E-Mail-Werbung (Spam) und Telefonwerbung an Unbekannte (ohne die vorherige Zustimmung)

Erfolgshonorare für Anwälte

Folter

Forschung unter Verwendung von Stammzellen, die aus Föten gewonnen wurden

Generalstreik

Kinderarbeit

Kinderpornografie

körperliche Züchtigung

Kugelfische essen

Leihmutterschaft

mit lebenslanger Garantie werben

offenes Feuer oder offenes Licht in Höhlen

paranormales Heilen

Polygamie

Präimplantationsdiagnostik (die Untersuchung von Embryos auf mögliche genetische Defekte)

Radarwarngeräte, auch Radarwarnsoftware für Mobiltelefone

Rechtsberatung durch Nichtjuristen

Reinigungsarbeiten an Fahrgestellen oder Motorteilen mit speziellen Reinigungsmitteln, wie z. B. Kaltreinigern

Schleichwerbung

Schneeballsysteme

Schwarzarbeit
Tabakwerbung in der Presse und im Internet
Telefonieren mit Mobiltelefonen im Auto ohne Freisprecheinrichtung
therapeutisches und reproduktives Klonen
Tiere durch Schächten töten (Die jüdische und die muslimische Religion schreiben vor, dass beim Schlachten die Kehle durchschnitten werden muss, damit die Tiere ausbluten.)
Tiere ohne Betäubung schlachten
Tierkörpermehl als Eiweißfutter
Werbung für unerlaubtes Glücksspiel
Werbung mit einer Erfolgsquote
wildes Zelten

Auf der Wunschliste der Verbote (entsprechende Initiativen liegen vor):

Call-In-TV
das Tragen von echten Pelzen
das Zeigen von Alkohol in der Öffentlichkeit (wie in vielen Staaten der USA)
der Bau von Moscheen in Wohngebieten
der Verkauf von zuckerhaltigen Süßigkeiten an Kinder
die Haltung von Kampfhunden (Komplettverbot)
die Kastration von Masthähnchen
gentechnisch veränderte Lebensmittel
gewaltverherrlichende Computerspiele
Gotcha (ein Spiel, bei dem sich die Teilnehmer mit Farbpatronen beschießen)
Heizen mit elektrischem Strom
laute Musik in Diskotheken
magere Models
Nacktradeln
NPD
Radarwarnungen im Radio
Rauchen (Komplettverbot)
Rauchen beim Autofahren
Sportwetten von privaten Anbietern
Straßenprostitution
Wahlumfragen (wegen der Beeinflussung von Wahlergebnissen)
Weichmacher in Plastik
Werbung für Alkohol
Wildtierhaltung im Zirkus

Ein besonders kreativer Vorschlag: das Verbot Brot zu essen, denn statistisch gesehen haben 80 Prozent aller Straftäter in den letzten zwölf Stunden vor ihrer Tat Brot gegessen.

Die Tatortkommissare nach Anzahl der Einsätze

Die Kommissare aus dem Archiv	Darsteller	Sender	Fälle
Kommissare Stoever und Brockmöller	Manfred Krug und Charles Brauer	NDR	41
Kommissare Schimanski und Thanner	Götz George und Eberhard Feik	WDR	29
Kommissar Brinkmann	Karl-Heinz von Hassel	HR	29
Kommissar Haferkamp	Hansjörg Felmy	WDR	20
Kommissar Palu	Jochen Senf	SR	18
Kommissar Lutz	Werner Schumacher	SDR	16
Hauptkommissar Veigl	Gustl Bayrhammer	BR	15
Hauptkommissar Flemming	Martin Lüttge	WDR	15
Oberinspektor Marek	Fritz Eckhardt	ORF	14
Hauptkommissar Roiter und Kommissar Zorowski	Winfried Glatzeder und Robinson Reichel	SFB	12
Kommissar Trimmel	Walter Richter	NDR	11
Inspektor Fichtl	Michael Janisch	ORF	10
Kommissar Philipp von Burg und Wachtmeister Gertsch	László Kish und Ernst Sigrist	SF-DRS	9
Kommissar Konrad	Klaus Höhne	HR	8
Kommissarin Wiegand	Karin Anselm	SWF	8
Hauptkommissar Franz Markowitz	Günter Lamprecht	SFB	8
Kommissar Finke	Klaus Schwarzkopf	NDR	7
Zollfahnder Kressin	Sieghardt Rupp	WDR	7
Kommissar Ludwig Lenz	Helmut Fischer	BR	7

Hauptkommissar Bülow	Heinz Drache	SFB	6
Kommissar Robert Hellmann	Stefan Jürgens	SFB	6
Kommissar Walther	Volker Brandt	SFB	6
Kommissar Gerber	Heinz Schimmelpfennig	SWF	5
Kommissar Heinz Brammer	Knut Hinz	NDR	4
Kommissar Schäfermann	Manfred Heidmann	SR	4
Kommissar Martin Schmidt	Martin Hirthe	SFB	3
Kommissarin Marianne Buchmüller	Nicole Heesters	SWF	3
MAD-Oberstleutnant Delius	Horst Bollmann	NDR	3
Oberinspektor Hirth	Kurt Jaggberg	ORF	3
Kommissar Schreitle	Horst Michael Neutze	SDR	3
Hauptkommissar Bergmann	Lutz Moik	HR	2
Kommissar Kasulke	Paul Esser	SFB	2
Kommissar Behnke	Hans Peter Korff	SFB	2
Kommissar Liersdahl	Dieter Eppler	SR	2
Kommissar Piper	Bernd Seebacher	NDR	2
Hauptkommissar Brandenburg	Horst Bollmann	BR	2
Kommissar Carlucci	Andrea Zogg	SF-DRS	2
Kommissarin Lea Sommer	Hannelore Elsner	NDR	2
Oberinspektor Pfeifer	Bruno Dallansky	ORF	2
Hauptkommissar Becker	Klaus Wildbolz	ORF	1
Kommissar Böck	Hans Häckermann	RB	1

Kommissar Pflüger	Ernst Jacobi	SWF	1
Kommissar Kreutze	Willy Semmelrogge	WDR	1
Kommissar Bergmann	Heinz Treuke	HR	1
Kommissar Nagel	Diether Krebs	NDR	1
Hauptkommissar Sander	Hauptkommissar Sander	HR	1
Kommissar Enders	Jörg Hube	WDR	1
Kommissar Greve	Erik Schumann	NDR	1
Polizeihauptmeister Dietze	Klaus Löwitsch	HR	1
Hauptkommissar Riedmüller	Günther-Maria Halmer	BR	1
Kommissar Scherrer	Hans Brenner	BR	1
Kommissar Schnoor	Uwe Dallmeier	NDR	1
Hauptkommissar Rullmann	Hans-Werner Bussinger	HR	1
Wachtmeister Howald	Wachtmeister Howald	SF-DRS	1
Kommissar Beck	Hans Häckermann	NDR	1
Polizeihauptmeister Rolfs	Klaus Löwitsch	HR	1
Kommissar Ronke	Ulrich von Bock	NDR	1

(Quelle: www.daserste.de)

Die aktuellen Kommissare

Die Kriminalisten	Dienstrang	Darsteller	Sender
Klaus Borowski	Hauptkommissar	Axel Milberg	NDR
Frieda Jung	Kriminal-psychologin	Maren Eggert	NDR
Jan Casstorff	Hauptkommissar	Robert Atzorn	NDR
Eduard Holicek	Oberkommissar	Thilo Prückner	NDR
Charlotte Lindholm	Hauptkommis-sarin	Maria Furtwängler	NDR
Inga Lürsen	Hauptkommis-sarin	Sabine Postel	RB
Niels Stedefreund	Kommissar	Oliver Mommsen	RB
Till Ritter	Hauptkommissar	Dominic Raacke	RBB
Felix Stark	Hauptkommissar	Boris Aljinovic	RBB
Frank Thiel	Hauptkommissar	Axel Prahl	WDR
Prof. Karl-Friedrich Boerne	Rechtsmediziner	Jan Josef Liefers	WDR
Bruno Ehrlicher	Hauptkommissar	Peter Sodann	MDR
Kain (kein Vorname!)	Hauptkommissar	Bernd Michael Lade	MDR
Max Ballauf	Hauptkommissar	Klaus J. Behrendt	WDR
Freddy Schenk	Hauptkommissar	Dietmar Bär	WDR
Charlotte Sänger	Oberkommissarin	Andrea Sawatzki	HR
Fritz Dellwo	Hauptkommissar	Jörg Schüttauf	HR
Franz Kappl	Hauptkommissar	Maximilian Brückner	SR
Stephan Deininger	Kommissar	Gregor Weber	SR

Lena Odenthal	Kriminalhauptkommissarin	Ulrike Folkerts	SWR
Mario Kopper	Kriminalhauptkommissar	Andreas Hoppe	SWR
Ernst Bienzle	Kriminalhauptkommissar	Dietz Werner Steck	SWR
Günter Gächter	Kriminaloberkommissar	Rüdiger Wandel	SWR
Klara Blum	Kriminalhauptkommissarin	Eva Mattes	SWR
Kai Perlmann	Kriminalkommissar	Sebastian Bezzel	SWR
Ivo Batic	Hauptkommissar	Miroslav Nemec	BR
Franz Leitmayr	Hauptkommissar	Udo Wachtveitl	BR
und aus Österreich:			
Moritz Eisner	Chefinspektor	Harald Krassnitzer	ÖRF

(Quelle: www.daserste.de)

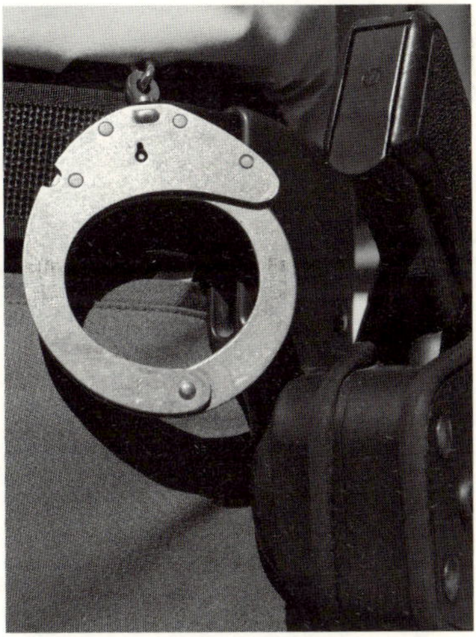

Begriffliche Besonderheiten der DDR

Balkanschreck	rumänischer Kleintransporter ARO
Bedarfsunterdeckung	Versorgungslücke
blaue Fliesen	Westgeld
blauer Klaus, blauer Würger	billiger Kornschnaps mit blauem Etikett
Brettsegeln	DDR-Windsurfen
Broiler	Brathähnchen
Bückware	Waren nur unter dem Ladentisch erhältlich
Datsche	Häuschen im Grünen, Gartenlaube
Dreierhopp	eine Art sozialistischer Dreisprung
Elaste	Kunststoff
Feierabendheim	Sozialtersheim
Fruchtstielbonbon	Sozilutscher
Gehhilfe	scherzhaft für den Trabant
Getränkestützpunkt	Ostkiosk
Grilletta	Osthamburger
Jahresendfigur o. F.	Weihnachtsmann (ohne Flügel)
Jahresendflügelfigur	Weihnachtsengel, auch Jahresendfigur mit Flügeln
Kosakendollar	abwertende Bezeichnung für die Ostmark
Krusta	DDR-Pizza
Lipsi	Ost-Rock-'n'-Roll-Ersatz
milchgebende Großtiereinheit	Kuh
Mondos	Kondome
Pappe	Trabant mit Karosserie aus pappähnlichem Kunststoff

Milchgebende Großtiereinheit

Popgymnastik	Ost-Aerobic oder Jazz Dance
rauhfutterverzehrende Großvieheinheit	Kuh
Rekonstruktion	Renovierung
Sättigungsbeilage	Kartoffeln, Reis, Nudeln usw.
Schallplattenunterhalter	DDR-DJ
Sichtelement	Plakat, Werbetafel
Tal der Ahnungslosen	der Raum Dresden, wo es kein Westfernsehen gab
Winkelement	Fähnchen für Demonstrationen; scherzhaft: Jubelfetzen
Wunschkindpille	die Antibabypille

Deutsche Astronomen

Diese Männer haben sich um die Astronomie verdient gemacht, zum Teil Grundlagen erforscht oder bahnbrechende Entdeckungen gemacht:

Nikolaus Kopernikus (1473–1543)
Der deutsche Astronom stellte das Ptolemäische System mit der Erde im Zentrum der Welt in Frage und ersetzte es durch ein heliozentrisches Weltbild, in dem die Erde und die übrigen Planeten um die Sonne kreisen. Die veränderte Sichtweise wird als „Kopernikanische Wende" bezeichnet.

Johannes Kepler (1571–1630)
Beobachtungen des dänischen Astronomen Tycho Brahe deutete Kepler richtig und entdeckte so das Ordnungssystem der Planetenbewegung – das Keplersche Gesetz.

Friedrich Wilhelm Herschel (1738–1822)
Der auch als Musiker tätige Astronom baute Spiegelteleskope und entdeckte den Planeten Uranus, zwei seiner Monde sowie zwei Monde des Saturns. Er gewann auch erste Einsichten in die Beschaffenheit des Milchstraßensystems.

Friedrich Wilhelm Bessel (1784–1846)
Der Astronomen, Mathematiker und Vermessungsfachmann arbeitete unter anderen an der Berechnung von Kometenbahnen. Ihm gelang es erstmals, die Entfernung eines Fixsterns zu messen.

Joseph von Fraunhofer (1787–1826)
Der Physiker baute lichtstarke Objektive mit großem Durchmesser für astronomische Fernrohre. Mithilfe von Beugungsgittern fand er die nach ihm benannten Fraunhoferschen Linien (Absorptionslinien der Elemente) im Sonnenspektrum. Aufgrund dieser Entdeckung und den Erkenntnissen der Spektralanalyse, ein Verfahren entwickelt von dem Chemiker Robert Wilhelm Bunsen (1811–1899) und dem Physiker Gustav Robert Kirchhoff (1824–1887), ist es heute möglich, die chemische Zusammensetzung entfernter Objekte im All zu bestimmen – die Basis der Astrophysik.

Albert Einstein (1879–1955)
Der deutsch-amerikanische Physiker und Nobelpreisträger ermöglichte durch die spezielle (1905) und die allgemeine Relativitätstheorie (1915) neue Erkenntnisse über das Wesen des Weltalls und revolutionierte damit die Wissenschaft des 20. Jahrhunderts, insbesondere die Astronomie.

Brillen in Deutschland

40,4 Millionen Erwachsene über 16 Jahren tragen eine Brille, dass sind etwa 64 Prozent der Gesamtbevölkerung.

Von den über 60-Jährigen tragen heute 94 Prozent eine Brille.

1,5 Millionen Kinder zwischen 2 und 15 Jahren sind Brillenträger.

1952 trugen 43 Prozent der Erwachsenen eine Brille.

Rund 3,2 Millionen Deutsche benutzen Kontaktlinsen.

Mehr als 55 Millionen Deutsche tragen eine Sonnenbrille.

Die Deutschen lesen immer weniger

1992 gaben noch 16 Prozent an, täglich in einem Buch zu lesen, im Jahr 2000 waren es nur noch 6 Prozent. Schlimmer noch: 42 Prozent der deutschen Schüler lesen ungern. Damit steht es schlecht um die Bildung in Deutschland, dennoch gilt es als kennzeichnend für den gebildeten Menschen, sich in der deutschen Literatur auszukennen. Ob es allerdings der Sache dienlich ist, für die wenigen noch verbleibenden Leser einen kulturverbindlichen Kanon literarischer Werke zu erstellen, dürfte fraglich sein. Auch die folgende Liste deutscher Schullektüren zeigt, dass ein noch immer vorhandenes Interesse am Lesen mit der Liste der Autoren und Titel wenig zu tun hat:

Deutsche Schullektüren 2007

Offensichtlich gehen die Meinungen der Pädagogen über den Bildungskanon im Fach Deutsch und die Interessen der Schüler deutlich auseinander.

ZEIT-Schülerbibliothek

Arnim, Bettina von	Die Günderode
Becker, Jurek	Jakob, der Lügner
Böll, Heinrich	Erzählungen
Borchert, Wolfgang	Draußen vor der Tür
Bote, Hermann	Till Eulenspiegel
Brecht, Bertolt	Leben des Galilei
Büchner, Georg	Lenz, Leonce und Lena, Dantons Tod
Busch, Wilhelm	Ausgewählte Geschichten
Dürrenmatt, Friedrich	Der Besuch der alten Dame
Ebner-Eschenbach, Marie von	Das Gemeindekind
Eichendorff, Joseph von	Aus dem Leben eines Taugenichts
Ende, Michael	Jim Knopf und Lukas der Lokomotivführer
Fallada, Hans	Kleiner Mann – was nun?
Fontane, Theodor	Effi Briest
Frisch, Max	Biedermann und die Brandstifter

Goethe, Johann Wolfgang von	Die Leiden des jungen Werthers, Faust I
Grimm, Jacob und Wilhelm	Kinder- und Hausmärchen
Grimmelshausen, Hans J. Christoffel von	Der abenteuerliche Simplicissimus
Haffner, Sebastian	Geschichte eines Deutschen
Hauff, Wilhelm	Märchen
Hölderlin, Friedrich	Hyperion
Hoffmann, E. T. A.	Das Fräulein von Scuderi, Der Sandmann
Jahnn, Hans Henny	Das Holzschiff
Jokl, Anna Maria	Die Perlmutterfarbe
Kästner, Erich	Das fliegende Klassenzimmer
Kafka, Franz	Der Prozess, Erzählungen
Kaschnitz, Marie Luise	Erzählungen
Keller, Gottfried	Die drei gerechten Kammacher, Romeo und Julia auf dem Dorfe, Kleider machen Leute
Kleist, Heinrich von	Michael Kohlhaas, Die Marquise von O., Das Erdbeben in Chili, Penthesilea
Lessing, Gotthold Ephraim	Nathan der Weise
Lichtenberg, Georg Christoph	Aphorismen
Luther, Martin	Das Matthäus-Evangelium
Lyrik I	Von Walther bis Hölderlin
Lyrik II	Von Novalis bis Hoffmann von Fallersleben
Lyrik III	Von Droste-Hülshoff bis Nietzsche
Lyrik IV	Von Morgenstern bis Bachmann
Lyrik V	Balladen
Mann, Heinrich	Der Untertan
Mann, Thomas	Mario und der Zauberer, Der Tod in Venedig
Musil, Robert	Die Verwirrungen des Zöglings Törless
Roth, Joseph	Hiob
Schiller, Friedrich	Kabale und Liebe
Schmidt, Arno	Brand's Haide
Schnitzler, Arthur	Fräulein Else, Traumnovelle
Seghers, Anna	Das siebte Kreuz, Der Ausflug der toten Mädchen
Storm, Theodor	Die Regentrude, Der Schimmelreiter
Wedekind, Frank	Frühlings Erwachen

Was Schüler in Deutschland 2007 freiwillig lesen – eine Auswahl

Baer, Hans de	Der kleine Eisbär, mehrere Bände
Colfer, Eoin	Artemis Fowl, mehrere Bände
Ende, Michael	Die unendliche Geschichte
Enzensberger, Hans Magnus	Der Zahlenteufel
Exupéry, Antoine de	Der kleine Prinz
Funke, Cornelia	Die wilden Hühner, Tintenherz
Gaarder, Jostein; Haefs, Gabriele	Sofies Welt
Härtling, Peter	Ben liebt Anna
Hohlbein, Wolfgang	Die Templerin und andere Titel
Janosch	Oh, wie schön ist Panama
Kästner, Erich	Pünktchen und Anton
Lindgren, Astrid	Die Kinder von Bullerbü, Pippi Langstrumpf
Maar, Paul	Der Buchstabenfresser
Meyer, Stephenie	Bis(s) zur Mittagsstunde
Nevis, Ben	Die drei ???, mehrere Bände
Paolini, Christopher; Stefanidis, Joannis	Eragon, mehrere Bände
Preußler, Otfried	Das kleine Gespenst
Rhue, Morton	Die Welle
Rowling, Joanne K.	Harry Potter, sieben Bände
Snicket, Lemony	Das haarsträubende Hotel
Stroud, Jonathan	Bartimäus, mehrere Bände
Schnittmenge	**= 0**

Empfohlene Autoren für alle Schularten

Bachmann, Ingeborg
Brecht, Bertolt
Büchner, Georg
Droste-Hülshoff, Annette von
Eichendorff, Joseph von
Goethe, Johann Wolfgang von
Heine, Heinrich
Hölderlin, Friedrich
Hoffmann, E. T. A.
Kafka, Franz
Keller, Gottfried
Kleist, Heinrich von
Lessing, Gotthold Ephraim
Mann, Thomas
Mörike, Eduard
Schiller, Friedrich
Vogelweide, Walther von der

(Quelle: www.bildung-staerkt-menschen.de gilt für Baden-Württemberg)

Deutsche Geister und Wesenheiten

Ganz besondere Wesenheiten, Gespenster, Unholde und Ungeheuer bevölkern manche deutschen Köpfe, die in anderen Regionen der Welt keine Entsprechung haben oder zumindest einen anderen Namen tragen. Hier sind ihre Namen dokumentiert für den Fall, dass sie eines Tages von global tätigen digitalen Unholden aus dem Bewusstsein der Menschen vertrieben werden:

Aufhocker Unhold, der nächtlichen Wanderern auf die Schultern springt und mit jedem Schritt schwerer wird

Bachkalb Ungeheuer, das Männer am Nachhausegehen hindert und ihnen das letzte Geld abnimmt

böser Onkel Kinderschreck (Typ Sittenstrolch)

Buhmann Kinderschreck (macht immer Buh!)

Bullemann Kinderschreck im Ruhrgebiet und im Allgäu

Christkind allgegenwärtig, geschenkintensiv

Einhorn Wunderpferd in Weiß mit zentralem Stirnhorn

Elwetritsch vogelähnliches Fabelwesen in Südwestdeutschland

Greif Fabelwesen aus Löwe und Adler

Hexe ältere Dame, die sich mit Zaubersprüchen und Giftmischungen an Kindern rächt

Heinzelmännchen zwergwüchsiger Hausgeist mit Helfersyndrom

Klapperstorch bringt die kleinen Kinder

Klüngelpelz westfälischer Werwolf

Knecht Ruprecht der Vollstreckungsgehilfe des Nikolaus

Lindwurm drachenähnliches Fabelwesen der Nibelungensage

Meerjungfrau Frau mit Fischschwanz

Nachtbock Kinderschreck in Ziegenbockgestalt

Nikolaus bärtiger Mann, der am 6. Dezember Süssigkeiten in Stiefel steckt

Nixe Frau mit Fischschwanz

Nöck Wassermann, böser Wassergeist

Osterhase Hase, der bunte Eier im Garten versteckt

Rasselbock Hase mit dem Geweih eines Rehbocks, dem Wolpertinger verwandt

Rübezahl Berggeist des Riesengebirges, soll unter Zählzwang leiden

Rupperich Kinderschreck aus Franken

Sandmann Wesen, das Kindern Sand in die Augen streut, um sie zum Schlafen zu bringen

Sandmännchen Wesen, das dasselbe viel einfacher mit einer Fernsehsendung schafft

schwarzer Mann Kinderschreck, ähnelt dem Schornsteinfeger

Stüpp rheinischer Werwolf

Väterchen Frost DDR

Wassermann auch Nöck, böser Wassergeist

Weihnachtsmann bringt mit einem vom Rentieren gezogenen Schlitten Geschenke

weiße Frau relativ harmloses, warnendes weibliches Gespenst; nicht zu verwechseln mit Weißem Riesen

Werwolf Mischung aus Mensch und Wolf, ziemlich bissig

Wolf Kinderschreck, z. B. im Märchen

Wolpertinger (crisensus bavaricus) bayerisches Fabelwesen mit gehörntem Hasenkopf und dem Körper einer anderen Tierart, z. B. eines Rehs, und mit Flügeln und Entenfüßen

Zahnfee tauscht Milchzähne gegen Kleingeld

Die Lottofeen

Diese Damen brachten so manchem Glück und Millionen – und verstanden es durch ihr heiteres Wesen, den vielen Millionen Verlierern ohne Glück das Verlieren leichter zu machen.

Elvira Hahn
(erste Ziehung 1955, noch nicht im Fernsehen übertragen)

Karin Dinslage
(1965-1971)

Karin Tietze-Ludwig
(1967-1998)

Franziska Reichenbacher
(seit Januar 1998)

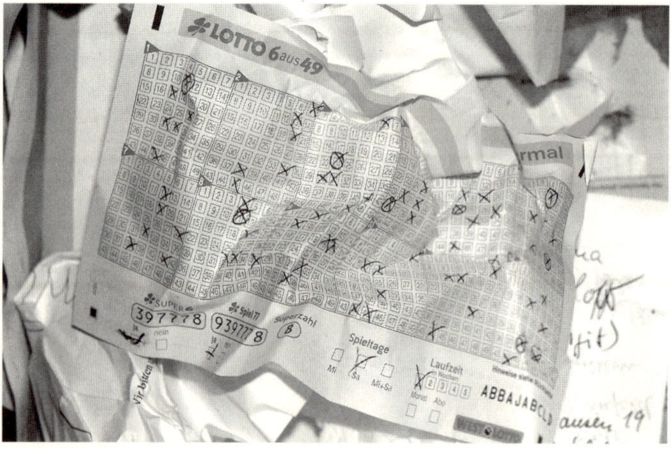

Im Bundesgebiet tätige Bankräuberbanden und ihre Beute

Bande	Mitglieder	Überfälle	Beute in Euro	gefasst
Ohne Namen	3 Männer, 2 Frauen	33	2 500 000	ja
Die Opa-Bande	3 Männer	14	1 300 000	ja
Die Bankräuber von Münchberg	3 Männer	mehrere	3 500 000	ja
Schlapphut-Bande	5 Männer	52	3 600 000	teils
Pumpgun-Bande	3 Männer	20	1 200 000	ja

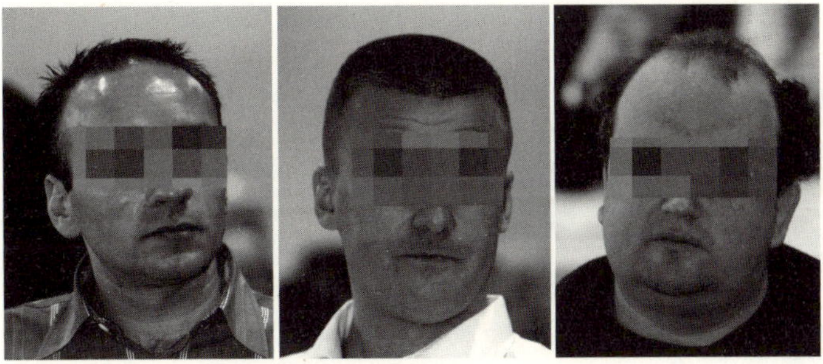

Pumpgun-Bande

Die längsten deutschen Flüsse

Kilometer	Fluss	Kilometer	Fluss	Kilometer	Fluss
2 888	Donau	196	Jagst	128	Lenne
1 320	Rhein	193	Hase	128	Zschopau
1 091	Elbe	192	Unstrut	125	Rhin
866	Oder	188	Eider	124	Freiberger Mulde
545	Mosel	188	Schwarze Elster	124	Mulde
524	Main	185	Ammer-Amper	124	Trave
517	Inn	182	Kocher	123	Ilm
433	Weser	177	Eder	122	Tauber
413	Saale	173	Sauer	120	Vils
382	Spree	170	Rur	116	Nahe
371	Ems	167	Vechte	116	Niers
367	Neckar	166	Zwickauer Mulde	115	Pegnitz
325	Havel	165	Altmühl	114	Loisach
295	Isar	165	Naab	114	Wupper
292	Werra	165	Regen	112	Enz
291	Eger	156	Peene	110	Ach
265	Lech	153	Oste	110	Berkel
257	Weiße Elster	153	Sieg	110	Ohre
256	Lausitzer Neiße	151	Wertach	109	Rott
255	Lippe	151	Warnow	108	Wümme
246	Saar	147	Iller	107	Ilmenau
242	Lahn	142	Fränkische Saale	105	Diemel
241	Leine	142	Kyll	105	Oker
225	Salzach	140	Bode	103	Erft
220	Elde	140	Wied	103	Mies
218	Fulda	134	Paar	103	Saalach
217	Ruhr	132	Wörnitz	103	Uecker
211	Aller			102	Nied
198	Hunte				

In Deutschland angebaute Rebsorten

Es gibt 8 000 verschiedene Rebsorten. Nur 56 sind in Deutschland für den Anbau zugelassen. Die wichtigsten sind:

Rotwein

Acolon feine Frucht, gute Struktur
Blauer Portugieser frisch und vollmundig
Dornfelder trocken, fruchtig, tief dunkelrot
Dunkelfelder kräftig in Farbe und Geschmack
Lemberger kräftig und fruchtig
Merlot weich und geschmeidig
Portugieser leicht und duftig
Regent feurig, aber mild und samtig
Saint Laurent kräftig, frisch und fruchtig
Schwarzriesling fruchtiges Aroma, feingliedriger Körper
Spätburgunder vollmundig, samtig, fruchtig
Trollinger frisch, kernig, bodenständig

Weißwein

Bacchus aromatisch und fruchtig
Chardonnay frisch, fruchtig duftend
Gewürztraminer sehr aromatisch, würzig, milde Säure
Grauer Burgunder oder Ruländer trocken, mittelkräftig, säurebetont
Grüner Silvaner milder Tafelwein
Gutedel leicht, fruchtbetont, trocken
Huxelrebe elegant, fruchtig, edelsüß
Kerner aromatisch, fruchtig, säurebetont
Müller Thurgau oder Rivaner leicht und frisch
Riesling klassische Sorte, natürlich Säure betont, trocken bis fruchtig-süß
Scheurebe reich an Bouquet, feinfruchtige Süße
Traminer würziges Bouquet, tiefgelbe Färbung
Weißer Burgunder frisch und elegant

(Quelle: Statistisches Bundesamt)

Deutsche Volkslieder

„Ein Volkslied ist ein Lied, das im Gesang der Unterschicht eines Kulturvolks in längerer gedächtnismäßiger Überlieferung und in ihrem Stil derart eingebürgert ist oder war, dass, wer es singt, vom individuellen Anrecht eines Urhebers an Wort und Weise nichts empfindet."

Alfred Götze, Das deutsche Volkslied, 1929

Am Brunnen vor dem Tore
Ännchen von Tharau
Auf, auf zum fröhlichen Jagen
Auf, du junger Wandersmann
Auf einem Baum ein Kuckuck
Bald gras ich am Neckar
Bergvagabunden
Das Wandern ist des Müllers Lust
Der Jäger in dem grünen Wald
Der Kuckuck und der Esel
Die Gedanken sind frei
Du, du liegst mir am Herzen
Ein Heller und ein Batzen
Ein Jäger aus Kurpfalz
Ein Jäger längs dem Weiher ging
Ein Männlein steht im Walde
Ein Vogel wollte Hochzeit machen
Es blies ein Jäger wohl in sein Horn
Es klappert die Mühle am rauschenden Bach
Es waren zwei Königskinder
Freut euch des Lebens
Gold und Silber lieb ich sehr
Hänschen klein
Hab mein Wagen vollgeladen
Heißa, Kathreinerle
Hohe Tannen

Horch, was kommt von draußen rein
Ich geh durch einen grasgrünen Wald
Ich weiß nicht, was soll es bedeuten
Im Krug zum grünen Kranze
Im schönsten Wiesengrunde
Im Wald und auf der Heide
In einem kühlen Grunde
Jetzt kommen die lustigen Tage
Kein schöner Land in dieser Zeit
Lustig ist das Zigeunerleben
Mädel ruck, ruck, ruck
Mein Vater war ein Wandersmann
Mit dem Pfeil, dem Bogen
Muss i denn zum Städtele naus
Nun ade, du mein lieb Heimatland
Oh, du lieber Augustin
Sah ein Knab ein Röslein steh'n
Schön ist die Welt
Üb immer Treu und Redlichkeit
Und in dem Schneegebirge
Was noch frisch und jung an Jahren
Wem Gott will rechte Gunst erweisen
Wenn alle Brünnlein fließen
Wenn ich ein Vöglein wär
Wenn wir erklimmen schwindelnde Höhen
Wer recht in Freuden wandern will
Wo die Nordseewellen
Wohlauf, die Luft geht frisch und rein
Wohlauf in Gottes schöne Welt
Zogen einst fünf wilde Schwäne

Sehr deutsche Gedenktage

Januar

22. Januar: *Deutsch-Französischer Tag* – Jahrestag des Elysée-Vertrages

27. Januar: *Tag des Gedenkens an die Opfer des Nationalsozialismus* (Holocaust-Gedenktag) – seit 1996; initiiert durch Bundespräsident Roman Herzog

Februar

21. Februar: *Biikebrennen* – nordfriesischer Feiertag mit Festfeuern

März

18. März: *Aktionstag für die Freiheit der politischen Gefangenen* – seit 1996 bundesweit

April

Erster Mittwoch im April: *Tag der älteren Generation* – 1968 eingeführt durch die Kasseler Lebensabendbewegung

Letzter Donnerstag im April: *Girls' Day* – Mädchenzukunftstag – in Deutschland seit 2001, Bundesministerium für Bildung und Forschung

23. April: *Tag des Deutschen Bieres* – seit 1994; am 23. April 1516 wurde das bayerische Reinheitsgebot für Bier erlassen

Mai

1. Mai: *Tag der Arbeit* – 1889 vom Gründungskongress der Zweiten Internationalen als „Kampftag der Arbeiterbewegung" ausgerufen, seit 1919 gesetzlicher Feiertag

10. Mai: *Tag des (freien) Buches* – seit 1983 u. a. durch den Börsenverein des Deutschen Buchhandels zum Gedenken an die Bücherverbrennung durch die Nationalsozialisten eingeführt

23. Mai: *Tag des Grundgesetzes* – Jahrestag der Verkündung des Grundgesetzes der Bundesrepublik Deutschland 1949

Juni

Letztes Wochenende im Juni: *Tag der Architektur* – seit 1996

6. Juni: *Tag der Sehbehinderten* – 1998 ausgerufen vom Deutschen Blinden- und Sehbehindertenverband e. V.

11. Juni: *Tag des Gartens* – initiiert vom Bundesverband Deutscher Gartenfreunde

17. Juni: *Nationaler Gedenktag des Deutschen Volkes* – von 1954 bis 1990 Nationalfeiertag (Tag der Deutschen Einheit), als Gedenktag an den Volksaufstand in der DDR, jetzt 3. Oktober

21. Juni: *Tag des Schlafes* – 2000 initiiert durch den Verein „Tag des Schlafes"; Informationstag zu Schlafstörungen und Schlaferkrankungen

Juli

15. Juli: *Zwölfbotentag* – wenig bekannter traditioneller Feiertag, Tag der Aussendung der Apostel; in der traditionellen Landwirtschaft der Tag, an dem die Schnitter ausgeschickt wurden und die Kornernte begann

August

Zweiter Sonntag im August: *Tag der Heimat* (Bund der Vertriebenen)

Zweiter Sonntag im August: *Tag des offenen Denkmals* – 1993 von der Deutschen Stiftung Denkmalschutz ins Leben gerufen

13. August: *Jahrestag des Mauerbaus* 1961

September

Zweiter Samstag im September: *Tag der deutschen Sprache* – 1991 vom Verein Deutsche Sprache e. V. begründet

Dritter Sonntag im September: *Tag des Geotops* – 2002 von der Deutschen Gesellschaft für Geowissenschaften ins Leben gerufen; ihre Mitglieder untersuchen auffällige Fels- oder Bodenformationen, Fundstellen von Mineralien und Fossilien oder geologische Ausformungen wie Höhlen, Schluchten und Dolinen

Letzter Freitag im September: *Tag des Deutschen Butterbrotes* – seit 1999 initiiert von der Marketing-Gesellschaft der deutschen Agrarwirtschaft (CMA)

5. September: *Deutscher Kopfschmerztag* – Deutsche Migräne- und Kopfschmerzgesellschaft (DMKG)

11. September: *Tag der Wohnungslosen*

20. September: *Deutscher Weltkindertag* (international am 1. Juni bzw. 20. November)

21. September: *Tag der Ersten Hilfe* (Bundesarbeitsgemeinschaft Erste Hilfe)

23. September: *Deutscher Lungentag* – seit 1997, eine Initiative des Deutschen Lungentags

25. September: *Tag der Zahngesundheit* – 1991 von Organisationen aus dem Bereich Zahnmedizin, Mundgesundheit und den Krankenkassen als gemeinsame Aktion initiiert

Oktober

3. Oktober: *Tag der Deutschen Einheit* – seit 1990 Nationalfeiertag in Deutschland

3. Oktober: *Tag der offenen Moschee* – 1996 vom Zentralrat der Muslime in Deutschland (ZMD) begründet

14. Oktober: *Deutscher Hospiztag* – seit 2000

November

9. November: *Tag der Erfinder* – am Geburtstag der Schauspielerin und Erfinderin Hedy Lamarr

9. November: *Gedenken an die Reichspogromnacht* 1938

9. November: *Gedenktag des Mauerfalls* – zwischen Berlin Ost und Berlin West 1989

20. November: seit 1999 *Deutscher Lebertag* (Deutsche Leberhilfe e.V.)

Deutsche Kultserien von gestern und heute

Diese Fernsehserien fesselten oder fesseln die deutschen Fernsehzuschauer:

Akte-X • Aktenzeichen XY... ungelöst • Alf • Auf der Flucht • Batman • Baywatch • Beverly Hills 90210 • Bezaubernde Jeannie • Bonanza • Buffy – Im Bann der Dämonen • Chicago 1930 • Columbo • Dallas • Das Haus am Eaton Place • Das Model und der Schnüffler • Der Denver Clan • Derrick • Desperate Housewives • Die Addams Family • Die Sendung mit der Maus • Die Simpsons • Die Straßen von San Francisco • Die unglaublichen Abenteuer des Maxwell Smart • Die Waltons • Die Zwei • Ein Cold für alle Fälle • Eine schrecklich nette Familie • Einsatz in Manhattan • Emergency Room • Familie Feuerstein • Flipper • Gilmore Girls • Girlfriends • Golden Girls • Gute Zeiten Schlechte Zeiten • Hinter Gittern • Knight Rider • Kobra, übernehmen Sie! • Kottan ermittelt • Lassie • Löwenzahn • Lindenstraße • Magnum • Max Headroom • Miami Vice • Mit Schirm, Charme und Melone • Monty Pythons Flying Circus • Raumpatrouille • Die phantastischen Abenteuer des Raumsschiffs ORION • Raumschiff Enterprise • Das nächste Jahrhundert • Reich & Schön • Roseanne • Sex And The City • The Munsters • The Twilight Zone • Twin Peaks • Typisch Sophie • Verliebt in eine Hexe • Verliebt in Berlin

Deutsche Luftfahrtpioniere

Bach, Liesel (1905–1992)
Kunstfliegerin der deutschen Luftwaffe im Zweiten Weltkrieg
Beese-Bouthard, Melli (1886–1925)
erste Frau mit Pilotenschein; Konstrukteurin
Beinhorn, Elly (*1907)
berühmte Fliegerin
Berblinger, Albrecht (1770–1829)
der Schneider von Ulm
Etrich, Igo (1897–1967)
Konstrukteur eines Nurflügel-Flugzeugs
Etzdorf, Marga von (1907–1933)
Berlin-Moskau-Tokio in zwölf Tagen
Euler, August (1868–1957)
Erbauer der ersten deutschen Motorflugzeuge
Fieseler, Gerhard (1896–1987)
Gründer der Gerhard-Fieseler-Werke; Fieseler „Storch"
Fusbahn, Margret (*1907)
flog als erste Frau über die Alpen
Heinkel, Ernst (1888–1958)
erstes Raketenflugzeug; erstes Düsenflugzeug
Hoffmann, Luise (1910–1935)
Kunstfliegerin, Testpilotin
Jatho, Karl (1873–1933)
kurze Motorflüge 1903
Junkers, Hugo (1859–1935)
Flugzeugkonstrukteur
Köhl, Hermann (1888–1938)
Pilot des ersten Ost-West-Flugs über den Nordatlantik in der *Bremen* 1928
Kress, Wilhelm (1836–1913)
Erfinder des Steuerknüppels
Lilienthal, Otto (1848–1896)
erfolgreiche Gleitflüge von 25 bis 250 Meter
Maiburg, Rita (1952–1977)
erster weiblicher Linienflugkapitän
Messerschmitt, Willy (1898–1978)
Flugzeugkonstrukteur, konstruierte u. a. den ersten Strahljäger Me 262
Ohlmann, Klaus (*1952)
überwand an einem Tag 3008 Kilometer im Segelflug

Zeppeline wurden von 1900 bis 1940 zur Personenbeförderung und zu militärischen Zwecken genutzt

Paulus, Käthe (1868–1935)
erste deutsche Profi-Luftschifferin; erste deutsche Fallschirmspringerin; Erfinderin des zusammenlegbaren Fallschirms

Rasche, Thea (1899–1971)
berühmte Fliegerin

Reichard, Wilhelmine (1788–1848)
Ballonfahrerin

Reitsch, Hanna (1912–1979)
erster weiblicher Flugkapitän; erste Frau, die einen Hubschrauber in einer Halle flog; als erste Frau im Segelflug über die Alpen

Schütte, Johann (1873–1940)
Luftschiffpionier

Uhse, Beate (1919–2001)
Stuntpilotin; einziges weibliches Flugdouble bei der UFA; Hauptmann der Luftwaffe im Zweiten Weltkrieg

Weißkopf, Gustav (1874–1927)
vielleicht erster Motorflug 1901

Zeppelin, Graf Ferdinand von (1838–1917)
Namensgeber für Luftschiffe; berühmter Luftschiffer

Deutschlands Fressphasen

Abgesehen von den finsteren Phasen der Kriege in der deutschen Geschichte hat es immer eine gewisse lukullische Bandbreite gegeben, und sei es nur aus der Vielfältigkeit der regionalen Küchen. Mit der Gründung der Bundesrepublik Deutschland aber schwappten etliche Wellen neuer Gaumenfreuden über die Bundesbürger hinweg, die mit Begeisterung wortwörtlich alles in sich hineinfraßen. Die hier erstellte Auflistung lässt sich nicht mit wissenschaftlicher Präzision belegen, sondern ist eine aus subjektiven Erfahrungen zusammengetragene Sammlung geschmacklicher Erinnerungen. Sicher, bestimmte Fixpunkte wie die Eröffnung der ersten Pizzeria in Deutschland gibt es, diese sind aber auch regional unterschiedlich. In den neuen Bundesländern wurden manche exotischen Speisen sogar erst nach der Wiedervereinigung verfügbar. So öffnete der erste Chinese auf der ehemals kommunistischen Seite Deutschlands erst 1992. Und Berlin und das Ruhrgebiet frönten bereits der Currywurst, als es sie in anderen, weniger zivilisierten Gegenden noch nicht gab.

1949–1955	die erste Fresswelle	Hähnchen, gegrillt
1965	Pommes Frites sind das Größte	Pommes rot-weiß in der Pergamenttüte
1955–1965	italienische Küche	Pizza, Spaghetti
1960–1970	jugoslawische Küche	Cevapcici, Djuveć-Reis
1968–1975	Müsli im Kommen	Müsli
1970–1980	griechische Küche	Souflaki, später Gyros
1970–1985	chinesische Küche	Chopsuey
1980–1985	Fastfood	Hamburger, Currywurst
1985–1990	spanische Küche	Paella, Tapas
1985–1995	japanische Küche	Sushi
1995–2000	indische, vietnamesische, thailändische Küche	Hühnchen-Curry mit Kokosnuss, Reispapier-Röllchen, Tom Khaa Gai
2000–2007	arabische, afrikanische, brasilianische Küche	Couscous, Mafé, Feijão
2008–2010	außerirdisch?	

Deutsche Krater

Meteoriteneinschläge

Name	Bundesland	Durchmesser in Kilometer
Nördlinger Ries	Bayern	24,0
Steinheimer Becken	Baden-Württemberg	3,8
Amöneburger Becken*	Hessen	14,5

*Es könnte auch ein Grabenbruch sein.

Einige erloschene Vulkane in Deutschland

Name	Ort	Zustand
Amöneburg	Marburger Land	zuletzt aktiv vor 8 Millionen Jahren
Cottaer Spitzberg	Säschsische Schweiz	zuletzt aktiv vor mehreren Millionen Jahren
Dollendorfer Hardt	Siebengebirge, südlich von Bonn	erloschen
Drachenfels	Siebengebirge, südlich von Bonn	zuletzt aktiv vor 25 bis 5 Millionen Jahren
Eifel	240 Vulkane, Vulkaneifel	zuletzt aktiv vor 700 000 bis 11 000 Jahren
Finkenberg	Siebengebirge, südlich von Bonn	erloschen
Geisingberg	Sachsen	tertiärer Vulkanismus, erloschen
Giesenheld	Eifel	erloschen
Großer Ölberg	Siebengebirge, südlich von Bonn	erloschen
Hohe Acht	Hocheifel	tertiärer Vulkanismus, erloschen

Hohentwiel	Hegau/Region, Bodensee	zuletzt aktiv vor 14 bis 7 Millionen Jahren
Hoher Hagen	Süd-Niedersachsen	tertiärer Vulkan, erloschen
Kaiserstuhl	Nähe Freiburg, Baden-Württemberg	zuletzt aktiv vor 18 bis 13 Millionen Jahren
Katzenbuckel	Odenwald	60 Millionen Jahren
Kleiner Ölberg	Siebengebirge, südlich von Bonn	erloschen
Laacher See	Eifel	Caldera-Vulkan, vor 11 000 Jahren
Limburg	Teil des Schwäbischen Vulkans	erloschen
Mäuseberg	Eifel	erloschen
Nonnenstromberg	Siebengebirge, südlich von Bonn	erloschen
Otzberg	Odenwald	erloschen
Petersberg	Siebengebirge, südlich von Bonn	zuletzt aktiv vor 5 Millionen Jahren
Rabenley	Siebengebirge, südlich von Bonn	erloschen
Randecker Maar	Teil des Schwäbischen Vulkans	zuletzt aktiv vor 17 Millionen Jahren
Rhön	Bayern, Hessen, Thüringen	tertiärer Vulkanismus, erloschen
Rockeskyller Kopf	Eifel	vor 360 000 Jahren
Rodderberg	linksrheinisch, bei Bonn	zuletzt aktiv vor 800 000 Jahren
Scharnhäuser Vulkan	Teil des Schwäbischen Vulkans, bei Stuttgart	erloschen
Schopflocher Moor	Teil des Schwäbischen Vulkans	erloschen
Schwäbischer Vulkan	ca. 365 Krater, Baden-Württemberg	zuletzt aktiv vor 17 bis 16 Millionen Jahren

Weinfelder Maar, Eifel

Stolpener Burgberg	Sachsen	tertiärer Vulkanismus, erloschen
Totenberg	östliches Erzgebirge	tertiärer Vulkanismus, erloschen
Ulmener Maar	Vulkaneifel	zuletzt aktiv vor 10 500 Jahren
Vogelsberg	mehrere Vulkane, Hessen, nordöstlich von Frankfurt	zuletzt aktiv vor 7 Millionen Jahren
Vulkan von Sandebeck	Eggegebirge, nördlichster Vulkan Deutschlands	zuletzt aktiv vor 14 bis 7 Millionen Jahren
Weilberg	Siebengebirge, südlich von Bonn	erloschen
Weinfelder Maar	Eifel	zuletzt aktiv vor 10 500 Jahren
Wilisch	östliches Erzgebirge	tertiärer Vulkanismus, erloschen

Deutsche Flughäfen

Fluggastzahlen pro Jahr	Flughafen
52 200 000	Frankfurt (FRA)
28 700 000	München (MUC)
15 510 000	Düsseldorf (DUS)
11 530 000	Berlin Tegel (TXL)
10 677 268	Hamburg (HAM)
9 452 485	Köln (CGN)
9 413 671	Stuttgart (STR)
5 637 391	Hannover (HAJ)
5 075 172	Berlin Schönefeld (SXF)
3 847 646	Nürnberg (NUE)
3 079 528	Hahn (HHN)
2 127 895	Leipzig (LEJ)
1 788 800	Dresden (DRS)
1 742 891	Dortmund (DTM)
1 740 000	Bremen (BRE)
1 500 000	Münster (FMO)
1 342 615	Paderborn (PAD)
711 898	Karlsruhe/Baden-Baden (FKB)
710 788	Lübeck (LBC)
596 089	Friedrichshafen (FDH)
545 600	Berlin Tempelhof (THF)
486 230	Saarbrücken (SCN)
438 912	Erfurt (ERF)
73 472	Kiel (KEL)
65 856	Mannheim (MHG)
62 000	Westerland (GWT)
26 810	Hof-Plauen (HOQ)

Verbrechen von RAF-Terroristen

22. Dezember 1971, Kaiserslautern
Überfall auf die Bayerische Hypotheken- und Wechselbank, ein Todesopfer

11. Mai 1972, Frankfurt am Main
Sprengstoffanschlag auf eine US-Kaserne, ein Todesopfer und 13 Verletzte

12. Mai 1972, Augsburg
Bombenanschlag auf ein Polizeikommissariat in Augsburg, keine Todesopfer

12. Mai 1972, München
Bombenanschlag auf das Landeskriminalamt in München, keine Todesopfer

16. Mai 1972, Karlsruhe
Sprengstoffanschlag auf den Wagen von Wolfgang Buddenberg durch das *Kommando Manfred Grashof*. Der Richter am Bundesgerichtshof kommt ums Leben, seine Ehefrau wird schwer verletzt.

24. Mai 1972, Heidelberg
Sprengstoffanschlag auf das Europa-Hauptquartier der US-Armee, drei US-Soldaten werden getötet, fünf weitere werden verletzt.

25. April 1975, Stockholm
Geiselnahme in der deutschen Botschaft in Stockholm. Der Militärattaché, Oberstleutnant Andreas von Mirbach, und der Wirtschaftsattaché, Heinz Hillegaart, werden ermordet. Der Terrorist Ulrich Wessel stirbt durch eine Explosion, ein weiteres RAF-Mitglied, Siegfried Hausner, erliegt später seinen Verletzungen.

7. April 1977, Karlsruhe
Der Generalbundesanwalt Siegfried Buback, sein Fahrer und ein Justizbeamter werden von Terroristen erschossen.

30. Juli 1977, Oberursel (Taunus)
Jürgen Ponto, Vorstandssprecher der Dresdner Bank, wird in seinem Haus erschossen.

5. September - 18. Oktober 1977, Köln/Mülhausen (Elsass)
Der Arbeitgeberpräsident Hanns-Martin Schleyer wird entführt und ermordet.

25. Juni 1979, Casteau (Belgien)
Versuch eines Anschlags mit einer unterirdischen Bombe auf den US-General Alexander Haig, NATO-Oberbefehlshaber in Europa

15. September 1981, Heidelberg
Das *Kommando Gudrun Ensslin* verübt einen Anschlag auf den Oberbefehlshaber der US-Landstreitkräfte in Europa, General Frederick James Kroesen. Vier Personen werden verletzt.

1. Februar 1985, Gauting
Ernst Zimmermann, Chef des Rüstungskonzerns MTU, wird ermordet. Die Täter, Angehörige des *Kommando Patsy O'Hara*, können nicht ermittelt werden.

7. August 1985, Wiesbaden
Der 20-jährige US-Soldat Edward Pimental wird ermordet, um an seinen Ausweis zu gelangen.

8. August 1985, Frankfurt am Main
Sprengstoffanschlag auf die Rhein-Main Air Base – zwei Menschen werden getötet, elf weitere verletzt

9. Juli 1986, Straßlach (bei München)
Der Siemens-Manager Karl Heinz Beckurts und sein Fahrer Eckhard Groppler sterben durch ein Bombenattentat.

10. Oktober 1986, Bonn
Zwei Terroristen des *Kommando Ingrid Schubert* töten Gerold von Braunmühl, Ministerialdirektor im Auswärtigen Amt.

20. September 1988, Bonn
Missglückter Anschlag auf den Staatssekretär Hans Tietmeyer

30. November 1989, Bad Homburg v. d. Höhe
Der Bankier Alfred Herrhausen kommt bei einem Sprengstoffattentat in einem Parkhaus ums Leben.

27. Juli 1990, Bonn
Hans Neusel, Staatssekretär im Bundesministerium des Innern, wird bei einem Anschlag leicht verletzt.

13. Februar 1991, Bonn/Bad Godesberg
Die US-Botschaft wird mit einem Gewehr beschossen; der Schütze hatte sich auf der anderen Rheinseite in Königswinter postiert. Niemand wird verletzt.

1. April 1991, Düsseldorf
Der Chef der Treuhandanstalt, Detlev Karsten Rohwedder, wird in seinem Haus in Düsseldorf von Terroristen des *Kommando Ulrich Wessel* erschossen, seine Frau wird verletzt.

27. März 1993, Weiterstadt
Das *Kommando Katharina Hammerschmidt* verübt ein Sprengstoffattentat auf die Justizvollzugsanstalt und richtet einen geschätzten Schaden von 80 bis 90 Millionen DM an.

Kneipennamen alt und neu

Traditionell

Altes Fährhaus • Altstadtschänke • Bergschlösschen • Bierstübl-Friedenseck • Grüner Baum • Jägerhof • Jägerstube • Klosterschenke • Kutscherstube • Lindenhof • Ratskeller • Schützenheim • Sportheim • Waldhaus Müller • Zum Bären • Zum Hirschen • Zum Kastanienbaum • Zum Lamm • Zum Stern • Zum Wilden Mann • Zur deutschen Eiche • Zur Krone • Zur letzten Ölung • Zur Linde • Zur Post • Zur Quelle • Zur Sonne • Zur Traube

Modern

Ab der Fisch • Absinth • Absturz • Anni's Ecke • Auszeit • Babelfisch • Basta • Bierhimmel • Bistro Aida • Café Wahnsinn • Delirium • Die kleine Kneipe • Entweder Oder • Pizza Kebabhaus • Flair • Käpt'n Nemo • Kaputt • Schublade • Sonderbar • Sorgenfrei • Sound Pub • Spitz • The Tullamore Pub • Trash • Truckstop • Wunderbar • Z • Zur letzten Dröhnung

Die berühmtesten deutschen Bauwerke von Nord nach Süd

Holstentor in Lübeck

Hamburger Michel
Chilehaus in Hamburg
Köhlbrandbrücke in Hamburg

Reichstagsgebäude in Berlin
Brandenburger Tor in Berlin

Schloss Sanssouci in Potsdam

Zwinger in Dresden
Frauenkirche in Dresden

Magdeburger Dom

Kölner Dom

Aachener Dom

Porta Nigra in Trier

Römer in Frankfurt

Würzburger Residenz

Nürnberger Burg

Heidelberger Schloss

Speyerer Dom

Schloss Solitude, Stuttgart

Burg Hohenzollern, Hechingen

Ulmer Münster

Nymphenburger Schloss in München
Olympiapark in München
Frauenkirche in München
Münchner Residenz
Pinakothek in München

Wieskirche, Steingaden
Schloss Mainau auf der Insel Mainau im Bodensee

Neuschwanstein

Die deutschesten Fußballerzitate

„Vom Feeling her hatte ich ein gutes Gefühl."
Andy Möller

„Die Lage ist bedrohlich, aber nicht bedenklich."
Friedhelm Funkel

„Es ist wichtig, dass man 90 Minuten mit voller Konzentration an das nächste Spiel denkt."
Lothar Matthäus

„Die Schweden sind keine Holländer – das hat man ganz genau gesehen."
Franz Beckenbauer

„Die Wahrscheinlichkeit, nicht Meister zu werden, ist größer als die Wahrscheinlichkeit, dem Abstieg nicht zu entgehen."
Dettmar Cramer, „Fußball-Professor"

„Eine Drehung mehr, und ich wäre im Rasen verschwunden."
Thomas Häßler

„Entweder ich gehe links vorbei, oder ich gehe rechts vorbei."
Ludwig Kögl

„Es ist ein Sehnenabriss am Schambeinknochen. Hört sich lustig an – ist aber trotzdem beim Fußball passiert."
Thomas Strunz

„Die Situation ist aussichtslos, aber nicht kritisch."
Stefan Effenberg

„Mailand oder Madrid?" Das ist ihm völlig schnuppe: „Hauptsache Italien!"
Andy Möller über seine Wechselabsichten

„Ich habe in einem Jahr 16 Monate durchgespielt."
Franz Beckenbauer

(Quelle: www.nowosibirsk.diplo.de)

Ehe und Angrenzendes

Lebensgemeinschaft – alleinerziehend – Paar

6 Prozent	leben in sogenannten Lebensgemeinschaften
21 Prozent	sind alleinerziehend
73 Prozent	sind Ehepaare

Die Zahl der alleinerziehenden Mütter:	2 236 000
Die Zahl der alleinerziehenden Väter:	335 000

getrennt – verwitwet – geschieden – ledig

8 Prozent	ledig
43 Prozent	geschieden
19 Prozent	verheiratet, aber getrennt lebend
30 Prozent	verwitwet

Wer mit wem?

Von den 21,4 Millionen Deutschen, die als Ehepaare leben, haben

88 Prozent	beide die deutsche Staatsangehörigkeit,
6 Prozent	eine unterschiedliche Staatsangehörigkeit (einer davon die deutsche),
6 Prozent	keine deutsche Staatsangehörigkeit.

Scheidungen

Die Zahl der geschiedenen Ehen 2005:	201 693
Die Zahl der davon betroffenen Kinder:	156 389

(Quelle: Statistisches Bundesamt)

Eckdaten Deutschland

1 500 000 000	Euro Staatsschulden
100 000 000	verkaufte DVDs 2006
100 000 000	Euro geschätzter Umsatzverlust im Handwerk durch Schwarzarbeit
83 100 000	Handys
70 000 000	Euro geschätzter Verlust durch Steuerhinterziehung
63 300 000	Fahrräder
46 000 000	Autos
45 100 000	Internetzugänge
39 000 000	Haushalte
38 900 000	Festnetzanschlüsse
38 000 000	angemeldete Radioempfänger
34 000 000	angemeldete Fernsehgeräte
26 900 000	Computer
14 000 000	DSL-Anschlüsse
10 000 000	.de-Domains
6 000 000	Hundebesitzer
4 500 000	Männer mit Erektionsstörungen
4 487 000	Arbeitslose 2006 (im Jahresdurchschnitt)
4 000 000	Blogger
1 640 000	Hotelbetten
1 500 000	Vermögensmillionäre
164 000	Restaurants
5 000	und mehr Biermarken
1 250	Brauereien
470	Freimaurerlogen
300	Hochschulen und Universitäten
280	privat finanzierte Theater
150	öffentlich subventionierte Theater
86	Großstädte mit mehr als 100 000 Einwohnern

(Quelle: Statistisches Bundesamt)

Einige deutsche Firmen mit Geschichte

Die folgenden Firmen können z. T. auf eine wirklich lange Geschichte zurückblicken.

gegründet	**Firma**	**Branche zur Gründungszeit**
1304	**Hotel Pilgrim Haus**, Soest	Hotel/Gaststätten
1530	**William Prym**, Aachen	Kurzwaren
1568	**von Poschinger**, Frauenau	Glasmanufaktur
1596	**Eduard Meier**, München	Schuhe
1761	**Faber-Castell**, Stein bei Nürnberg	Stifte
1792	**Mühlens 4711**, Köln	Parfüm
1846	**Carl Zeiss**, Jena	optische Geräte
1862	**Adam Opel**	Automobile
1863	**Bayer**, Barmen/Wuppertal	Chemie
1876	**Henkel**, Aachen/Düsseldorf	Waschmittel
1886	**Robert Bosch GmbH**, Stuttgart	Technik
1895	**Salamander**, Kornwestheim	Schuhe
1905	**UHU**, Bühl	Klebstoffe, heute Henkel
1916	**BMW**, München	Automobile
1931	**Porsche**, Stuttgart	Automobile
1937	**VW**, Wolfsburg	Automobile
1948	**Ritex**, Bielefeld	Kondome
1972	**SAP**, Walldorf	Software

Einige Germanismen

Wenn sich Bundesbürger über die Überfremdung der deutschen Sprache beklagen, lohnt sich ein Blick auf die Gegenseite: Zahllose deutsche Wörter und sinntragende Silben sind in andere Sprachen eingewandert und haben es sich dort als germanische Fremdkörper gemütlich gemacht. Manche durchaus von ihren Gastgebern gern gesehen, andere als Relikte aus finsterer Vergangenheit, Indizien der Untaten einer fragwürdigen Herrenrasse, welche die Welt in Angst und Schrecken stürzte.

Heute ist der Austausch zwischen den Sprachen wieder ein friedlicher, und noch immer sind Wörter unterwegs von der einen in die andere Sprache und werden schließlich ein Zuhause in beiden finden. Die folgenden Begriffe repräsentieren Deutschland international – so oder so.

Achtung
Ahnentafel
Alpenglow
Alphorn
Angst (angst-ridden)
Auf Wiedersehen
Autobahn
Automat
Bauplan
Beergarden
Bildungsroman
Birkenstock
Blitzkrieg
Bratwurst
Burg
Burger
Coffee clutch
Deutschmark
Diesel
Diktat
Dirndl
Doppelgaenger
Dreck
Dummkopf
Echt
Edelweiss
Entwicklungsroman
Erlking
Ersatz
Fahrvergnugen
Falzboat
Festschrift
Flak
Foehn
Frankfurter
Frau
Fraulein
Frauleinwunder
Frost
Fuhrer
Galgenhumor
Gasthaus
Gemeinschaft
gemutlich
Gemutlichkeit
Gesellschaft
Gestalt
Gesundheit
Gleichschaltung
Glockenspiel
Götterdämmerung
Hamburger
Hauptmann
Hausfrau
Heil
Herrenvolk
Jawohl
Katzenjammer
Kindergarten
Kindstod
Kirschwasser
Kitsch
Kletterschuh
Knackwurst
Kommandant
Kraut

Reichstag in Berlin

Kriegspiel
Kristallnacht
Kursaal
Lebkuchen
Lederhosen
Leitmotif
Liebchen
Lied
Liverwurst
Loden
Luftwaffe
Meister
Meistersinger
Nazi
Neanderthaler
Oktoberfest
Panzer
Pilsner
Pinscher
Poltergeist
Pretzel
Pumpernickel
Realpolitik
Rinderpest
Rollmops
Rucksack
Sauerbraten
Sauerkraut
Schadenfreude
Scheisse
Schmaltz
Schmierkäse
Schmutz
Schnaps
Schnitzel
Spiel
Sprachraum
Strand
Streusel
Strudel
Sturm und Drang
Technik
Volkswagen
Waldmeister
Waldsterben
Wanderlust
Weltanschauung
Weltschmerz
Wiedersehen
Wirtschaftswunder
Wunderkind
Wurst
Zeitgeist
Zugzwang
Zwieback

Die deutschen Mittelgebirge und ihre Gipfel

Gebirge	Gipfel	Meter
Bergisches Land	Homert	519
Bückeberg	Bückeberg	367
Deister	Bröhn	405
Ebbegebirge	Nordhelle	663
Eggegebirge	Preußischer Velmerstot	468
Eifel	Hohe Acht	746
Elbsandsteingebirge	Hoher Schneeberg	722
Elm (Höhenzug)	Eilumer Horn	323
Elstergebirge	Hoher Brand	805
Erzgebirge	Keilberg	1 243
Fichtelgebirge	Schneeberg	1 053
Frankenwald	Döbraberg	794
Fränkische Alb	Hesselberg	689
Habichtswald	Hohes Gras	615
Harz	Brocken	1 141
Hoher Meißner	Kasseler Kuppe	754
Hunsrück	Erbeskopf	818
Kaiserstuhl	Totenkopf	557
Kaufunger Wald	Hirschberg	643
Kellerwald	Wüstegarten	675
Knüllgebirge	Eisenberg	636
Kyffhäuser	Kulpenberg	474
Langenberge	Schwengeberg	557
Leinebergland	Bloße Zelle	480
Oberpfälzer Wald	Schwarzkopf	1 041
Odenwald	Katzenbuckel	626

Pfälzer Wald	**Kalmit**	673
Reinhardswald	**Staufenberg und Gahrenberg**	472
Rhön	**Wasserkuppe**	950
Rothaargebirge	**Langenberg**	843
Schwäbische Alb	**Lemberg**	1.015
Schwarzwald	**Feldberg**	1 493
Siebengebirge	**Großer Ölberg**	460
Solling	**Große Blöße**	528
Spessart	**Geiersberg**	586
Steigerwald	**Scheinberg**	499
Süntel	**Hohe Egge**	437
Taunus	**Großer Feldberg**	879
Teutoburger Wald	**Barnacken**	446
Thüringer Schiefergebirge	**Großer Farmdenkopf**	869
Thüringer Wald	**Großer Beerberg**	983
Vogelsberg	**Taufstein**	773
Vogler	**Ebersnacken**	460
Wesergebirge	**Hohenstein**	340
Westerwald	**Fuchskaute**	656
Wiehengebirge	**Heidbrink**	320
Zittauer Gebirge	**Lausche**	793

Die dämlichsten Antworten aus Quizshows

Musterbeispiele deutscher Bildung, wie sie eine Pisa-Studie niemals erfassen könnte:

Frage: Welcher Schokoriegel trägt den gleichen Namen wie der römische Kriegsgott?
Antwort: Snickers

Frage: Wie wird die Kinderkrankheit Mumps im Volksmund auch genannt?
Antwort: Hackepeter

Frage: Wie viele Drittel ergeben ein Ganzes?
Antwort: Vier

Frage: Wie viele Kilometer werden bei einem 1 000-Meter-Lauf zurückgelegt?
Antwort: 1000

Frage: Welcher Monat liegt zwischen Dezember und Februar?
Antwort: Juli

Frage: Welches Bauwerk war das Symbol der Brüsseler Weltausstellung von 1958?
Antwort: Männeken Pis

Frage: Welchem deutschen Bundesland ist der Schwarzwald zuzuordnen?
Antwort: Schleswig-Holstein

Frage: Mit wie vielen „M“ schreibt sich das Wort Kommunikation nach der Rechtschreibreform?
Antwort: Vier

Frage: Seit welchem Jahrzehnt werden in Deutschland Fernsehsendungen in Farbe ausgestrahlt?
Antwort: Seit 1900

Frage: Was verbirgt sich hinter dem Kürzel IQ?
Antwort: Wissenheit

Frage: Welcher Walzer ist nach einem blutsaugenden Insekt benannt?
Antwort: Wiener Walzer

Frage: Wie viele Schiedsrichterassistenten sind laut DFB-Regeln bei einem Fußballspiel auf dem Rasen?
Antwort: Elf

Frage: Welches Pumporgan des Menschen ist hauptsächlich für den Blutumlauf verantwortlich?
Antwort: Die Milz

Frage: Unter welcher Telefonnummer erreichst du den Notruf der Feuerwehr?
Antwort: 010

Frage: Welches Pedal entfällt bei einem Wagen mit Automatikgetriebe?
Antwort: Das Gas

Frage: Nennen Sie ein Tier mit Geweih.
Antwort: Elefant

Frage: Nennen Sie ein gelb-schwarzes Insekt.
Antwort: Eine Spinne
Nächster Versuch: Eine Giraffe

Frage: Nennen Sie etwas, das einen Schnabel hat.
Antwort: Hering

Frage: Nennen Sie ein Tier, das Stacheln hat.
Antwort: Ein Stachelbär

Frage: Nennen Sie eine Cremesuppe.
Antwort: Ochsencremesuppe

Frage: Wie heißt das männliche Geschlechtshormon?
Antwort: Penis

Einige deutsche Designklassiker

Designer	Meisterstück(e)	Marken/Firmen
Dieter Rams/ Hans Gugelot	**SK4 („Schneewittchensarg")**	Braun u. a.
Egon Eiermann	**stapelbarer Stuhl SE 68S**	Wilde & Spieth
Ferdinand Porsche	**Porsche 356 Coupé/ VW Käfer**	Porsche AG
Hans Gugelot/ Gerd A. Müller	**Elektrorasierer Sixtant**	Braun
Hans Riegel/ Haribo	**Gummibärchen/ Lakritzschnecke**	Haribo
Hartmut Esslinger	**Wega Concept 51K**	Wega, Sony, Apple, Next, Grohe
Hedwig Bollhagen	**Mokkaservice 558**	verschiedene Töpfereien, HB-Werkstätten für Keramik, DDR
Herbert Hirche	**Weck Sterilisiergerät**	Weck, Braun, Holzäpfel
Jupp Ernst	**afri-cola-Flasche**	afri-cola, Melitta, Resopal, Rosenthal, Wilkhahn
Ludwig Mies van der Rohe	**Stuhl MR 20**	Thonet
Luigi Colani	**Canon T90**	Canon, Autofirmen, u. a. VW, BMW u.v.m.

Porsche 356 Coupé

Max Bill/ Hans Gugelot/ Paul Hilbinger	**Ulmer Hocker**	HfG Ulm
Otl Aichers	**Piktogramme**	Olympische Spiele, München 1972
Rido Busse	**Telefonzelle**	Deutsche Telekom, AEG, Braun, Bosch, Krups
Rudolf Wilke	**Türklinke 111**	HEWI
Wilhelm Wagenfeld	**Tischleuchte WA 24**	Glaswerk Schott, Rosenthal, Braun, WMF

Kraftausdrücke aus dem Bundestag

Schon in den 90er-Jahren des letzten Jahrhunderts tauchten die ersten Listen im Internet auf, doch die verbale Kraftmeierei im Bundestag verliert auch über die Jahre nicht an Aktualität. Erstaunlich, was die Damen und Herren Abgeordneten so alles vor dem hohen Hause äußern.

Amokläufer • Anarchist • Armleuchter • Arschloch • Aufhetzer • Aufpeitscher • Banditentum • Bankrotteur • Bauernkiller • Beamtenkuh • Berufsdenunziant • Berufsrandalierer • Beutelschneider • Bierzeltredner • bleifreier Hanswurst • Bombenleger • Bruchpilot • Brüllorchester • Büttenredner • Cheflügner • Dampfnudel • Denunziant • Depp • Dick und Doof • Dinosaurier • Dösbaddel • Drecksau • Dreckschleuder • Dreckspritze • Düffel-Doffel • Dunkelmann • Edelkurtisane • Ehrabschneider • Eiertänzer • Ekel • Erpressungsminister • Esel • Fälscher • Fatzke • feiger Hund • Flegel • Folterer • Frankenstein • Frauenheld • Friedhofsredner • Frühstücksverleumder • Galgenkandidat • Gangster • Gartenzwerg • Geisterreiter • geistiges Eintopfgericht • Geldraffer • Generalschwätzer • Giftnudel • Giftspritze • Gnom • Graphomane • Großinquisitor • Gruselkomiker • Hampelmann • Hanswurst • Harzer Roller • Hebammenkiller • Heiratsschwindler • Hetzer • Heuchler • Hilfsabgeordneter • Hofnarr • Hofschranzen • Holzkopf • Idiot • Irrer • Karnickel • Kirchenhetzer • Kläffer • Knallfrosch • Kopfjäger • Kriegshetzer • Lackschuhpanther • Leichenfledderer • Lügenbold • Lümmel • Lüstling • Massenmörder • Meute • Micky Maus • Mini-Göbbels • Mob • Möchtegern-Schimanski • Mops • Mörderbande • Nadelstreifenrocker • Naziflegel • NS-Schulungsredner • Obertünne • Ochsenfrosch • Parasit • Petersilien-Guru • Phraseur • Pistolero • Pöbelkönig • Progromhetzer • Putzlumpen • Radaubruder • Ratte • Rotzjunge • Sauhaufen • Saustall • Schlange • Schleimer • Schreihals • Schwachkopf • Schwachmatiker • Schwindelbude • Selbstbefriediger • Speichellecker • Stinktier • Sumpfblüte • Terrorist • Tölpel • Totengräber • Übelkrähe • Verbrecher • Verleumder • Verrückte • Volksverhetzer • Windbeutel • Wollüstlinge • Wrack • Wühlratte • Wurmfortsatz • Zuhälter

Deutsche Eigenschaften - mal anders geschrieben

Man kann es in ganzen Sätzen sagen, aber auch einzelne Worte treffen Aussagen über eine Nation, wenn sie zu einer Liste zusammengefasst werden. Es dürfte sich hierbei um genau die Worte handeln, die in der Schnittmenge viel vom deutschen Wesen einfangen – oder sind das alles nur Stereotypen?

Den Deutschen zugeordnete Adjektive:

akkurat
besserwisserisch
effizient
fleißig
genau
kleinkariert
pedantisch
pessimistisch
präzise
pflichtbewusst
schmalspurig
zuverlässig

Den Deutschen zugeordnete Substantive:

Akribie
Bürokratie
Ehrgeiz
Fleiß
Gefühlskälte
Ordnung
Organisation
Passivität
Perfektion
Pünktlichkeit
Sauberkeit
Sturheit
Umständlichkeit
Zurückhaltung
Zuverlässigkeit

Aber:
Amerikaner halten Deutsche für sehr freizügig, die Chinesen halten sie für langsam und Menschen aus Costa Rica finden sie gar offen und sehr zugänglich (nach Aussagen von Austauschschülern des Goethe-Instituts).

Zugewanderte Feiertage

Der Muttertag

Am 2. Sonntag im Mai ist Muttertag in Deutschland. Dieser Feiertag zu Ehren der Mutter und der Mutterschaft gehört aber keineswegs zu den uralten Traditionen dieses Landes, sondern wird erst seit dem 20. Jahrhundert gefeiert. Zuvor gab es zwar in anderen Ländern ähnliche Feste und Bräuche wie etwa ein regelmäßig begangenes Frühlingssippenfest, in dessen Zeremonien die Mutter eine große Rolle spielte. Der heutige Muttertag hat seinen Ursprung in den USA, wo eine Frau namens Anna Jarvis aus Philadelphia am 9. Mai 1907, dem zweiten Todestag ihrer Mutter, eine Bewegung ins Leben rief, welche die Einführung eines offiziellen Feiertags zu Ehren der Mutter und der Mutterschaft zum Ziel hatte. Sie selbst schrieb Hunderte von Briefen an Politiker und Würdenträger, indem sie für ihre Sache warb. Offensichtlich traf sie damit auf ein Bedürfnis der Zeit, denn ihre Bewegung gewann rasch an Zulauf und schon im Jahre 1909 feierte man in 45 Staaten der USA den Muttertag. Am 8. Mai 1914 entschied der US-Kongress, dass jeweils der 2. Sonntag im Mai landesweiter Feiertag zu Ehren der Mutter sein sollte.

Schon bald folgten andere Nationen diesem Beispiel: In England, wo früher der *Mothering Sunday* begangen wurde, übernahm man die amerikanische Regelung. 1917 schloss sich die Schweiz, 1918 Norwegen und 1919 Schweden dem Kreis der Nationen an, die den Muttertag begingen. Deutschland folgte 1923, hier wurde der Feiertag besonders vom Verband Deutscher Blumengeschäftsinhaber befürwortet. Der erste deutsche Muttertag wurde am 13. Mai 1923 gefeiert. Zu Zeiten des Nationalsozialismus änderte man die Ausrichtung der Feierlichkeiten und passte sie an die nationalistische Ideologie an. Als 1933 der Muttertag offizieller Feiertag wurde, spielte dabei die gebärfreudige deutsche Frau, die den Bestand des Volkes und seine Stärke sicherte, eine

zentrale Rolle. Ab 1938 wurde am Muttertag an besonders verdiente Mütter (das heißt, an Frauen mit mindestens vier Kindern) das Mutterkreuz verliehen. Heute ist der Muttertag in Deutschland wieder ein Feiertag, an dem die Kinder sich bei der Mutter für ihre Fürsorge und Liebe bedanken und die Blumenläden hervorragende Umsätze machen.

Valentinstag

Der Valentinstag, also der Tag des Heiligen Valentin, fällt auf den 14. Februar. Er wird in einigen Ländern als Tag der Liebenden gefeiert, denn der Namenspatron, Bischof Valentin von Terni, der am 14. Februar 269 für seinen Glauben als Märtyrer starb, soll verliebte Paare trotz eines Verbotes durch Kaiser Claudius II. miteinander verheiratet und dazu noch mit Blumen aus seinem Garten beschenkt haben. Es ist verständlich, dass der Namenstag eines solchen Heiligen perfekt mit den Interessen der Floristen harmoniert, und sie waren es auch, welche durch massive Werbeaktionen den Valentinstag ins öffentliche Bewusstsein rückten. Allerdings ist es bisher im Gegensatz zum Muttertag noch nicht gelungen, den Valentinstag zum allgemeinen und offiziellen Feiertag zu erklären. Deutschland ist mit diesem importierten

Feiertag nicht allein; selbst in der Volksrepublik China feiern westlich ausgerichtete Paare ihre Liebe und den Heiligen Valentin mit Blumen und anderen Geschenken.

Halloween

Das jüngste Importfest hat vermutlich die älteste Tradition: Das alte keltische Fest *Samhain* fiel früher auf denselben Termin wie heute Halloween – in die Nacht vom 31. Oktober auf den 1. November. Es symbolisierte den Beginn des dunklen Halbjahres, und die Kelten glaubten, das Tor zwischen den Welten der Lebenden und der Toten sei in dieser Nacht offen, wie auch an *Beltane*, der kultischen Feier zum Beginn der warmen Jahreszeit. Es konnte daher sein, dass man in der Finsternis Wesen aus dem Totenreich begegnete. Die christliche Kirche versuchte, das bedrohlich-heidnische Fest durch eine eigene Veranstaltung zu verdrängen: Allerheiligen. Dieses christliche Fest spielt eine Rolle bei der Entstehung des namens *Halloween* – er geht auf den Ausdruck *All Hallows' Eve*, also der *Abend vor Allerheiligen* zurück. Das traditionelle Halloween, eine ziemlich grausige Veranstaltung, wurde zunächst nur in den katholischen Gebieten Großbritanniens und in Irland gefeiert. Auswanderer brachten es in die USA und nach Kanada und von dort kam das Fest nach Europa und Deutschland. Dort hat es aber noch immer nicht die Verbreitung und die allgemeine Akzeptanz gefunden, die es in der „neuen Welt" hat. Grusel-Dekorationen und die typischen ausgehöhlten und von innen beleuchteten Kürbisse sieht man in der Halloweennacht nur gelegentlich. Dass die Sitte, zu Halloween *fechten* zu gehen, also an den Türen um Süßigkeiten zu betteln, von deutschen, gespenstisch verkleideten Kindern nur zu gerne angenommen wurde, versteht sich von selbst. Zumal dabei auch das amerikanische Verfahren *Trick or Treat* (übersetzt etwa *Süßes oder Saures*) zur Anwendung kommt, verbunden mit der Gelegenheit, Süßigkeiten in großen Mengen nach Hause zu tragen oder aber geizigen Eltern und Nachbarn lustige Streiche zu spielen.

Bedeutende deutsche Modeschöpfer

Willi Bogner

Hugo Boss

Toni Gard

Jette Joop

Wolfgang Joop

Otto Kern

Karl Lagerfeld

Rena Lange

Margareta Ley

Rudolph Moshammer

Heinz Oestergaard

John Ribbe

Jil Sander

Bettina Schoenbach

Gabriele Strehle

Rudolph Moshammer mit Daisy

Historische Süßigkeiten

Brause
Esspapier
Gummibärchen
Himbeeren-Bonbons
Kissen-Bonbons
Kokosschokolade
Lakritzrollen
Mäusespeck
Nappo
Salmiakpastillen
Zuckerstangen

Der erste Schokoriegel in Deutschland:
Mars (1961)

Die Schokoriegel-Klassiker:
Duplo (1964)
Balisto (1981)
Twix (1991, davor Raider)
Bounty
Lila Pause
Mars
Milky Way
Nussini
Nuts
Snickers

Gerichte der DDR-Küche

Die folgenden Gerichte aus einem DDR-Kochbuch wecken vom Namen her nicht immer klare Vorstellungen von dem, was sich dahinter virbirgt.

Rührei-Variationen • Pommerscher Kaviar (Gänseschmalz) • Armer Ritter (Zwieback mit Milch und Ei) • Sprottensalat • Harzer Käse mit Musik • Pfeffergurken-Frühstück • Bulgur (Weizenschrot) • Affenfett (Bauchspeck) • Dalmatinische Tomaten • Soljanka (Eintopf) • Borschtsch • Russische Nierensuppe • Stschi (Kohlsuppe) • Gemüse-Okroschka • Berliner Kartoffelsuppe • Hechtklößchensuppe • Kohlrübeneintopf • Fischsoljanka • Hoppel-Poppel (Kartoffelgericht) • Leipziger Allerlei • Letscho • Aschkloß • Buttermilchgetzen • Thüringer Klöße • Gebratener Broiler • Broilerragout • Teltower Rübchen mit gepökelten Gänsekeulen • Gänseschwarzsauer • Kalbspörkölt • Esterhazy-Rostbraten • Szegediner Gulasch • Königsberger Klopse • Berliner Bollenfleisch • Thüringer Rostbrätel • Kuheuter-Schnitzel • Schnitzel Holstein • Altberliner Schusterpastete • Gebratener Stör

Borschtsch

Die größten Deutschen

Die ZDF-Zuschauer wählten in der Sendung *Unsere Besten – Wer ist der größte Deutsche?* im Jahre 2003 die folgenden Menschen zur Elite unseres Landes:

Konrad Adenauer
Martin Luther
Karl Marx
Sophie und Hans Scholl
Willy Brandt
Johann Sebastian Bach
Johann Wolfgang von Goethe
Johannes Gutenberg
Otto von Bismarck
Albert Einstein
Adolph Kolping
Ludwig van Beethoven
Helmut Kohl
Robert Bosch
Konrad Zuse
Daniel Küblböck
Josef Kentenich
Albert Schweitzer
Karlheinz Böhm
Wolfgang Amadeus Mozart
Helmut Schmidt
Regine Hildebrandt
Alice Schwarzer
Thomas Gottschalk
Herbert Grönemeyer
Michael Schumacher
Ludwig Erhard
Wilhelm Conrad Röntgen
Günther Jauch
Dieter Bohlen
Jan Ullrich
Steffi Graf
Samuel Hahnemann
Dietrich Bonhoeffer
Boris Becker
Franz Beckenbauer
Oskar Schindler
Nena
Hans-Dietrich Genscher
Heinz Rühmann
Harald Schmidt
Friedrich II. König von Preußen
Immanuel Kant
Patrick Lindner
Hartmut Engler
Hildegard von Bingen
Heino
Richard von Weizsäcker
Claus Schenk Graf von Stauffenberg
Marlene Dietrich
Robert Koch
Joschka Fischer
Karl May
Loriot (Vicco von Bülow)
Albertus Magnus
Rudi Völler
Heinz Erhardt
Roy Black
Heinz-Harald Frentzen
Wolfgang Apel
Alexander von Humboldt
Peter Kraus
Wernher von Braun
Dirk Nowitzki
Campino
Franz Josef Strauß
Sebastian Kneipp

Adenauer Denkmal in Köln

Friedrich von Schiller
Richard Wagner
Katarina Witt
Fritz Walter
Nicole
Friedrich von Bodelschwingh
Otto Lilienthal
Marion Gräfin Dönhoff
Thomas Mann
Hermann Hesse
Romy Schneider
Sven Hannawald
Elisabeth I.
Willy Millowitsch
Gerhard Schröder
Joseph Beuys
Friedrich Nietzsche
Rudi Dutschke
Karl Lehmann
Beate Uhse
Die Trümmerfrauen
Carl Friedrich Gauss
Helmut Rahn
Albrecht Dürer
Max Schmeling
Carl Benz
Friedrich II., Kaiser (1220–1250)
Reinhard Mey
Heinrich Heine
Georg Elser
Konrad Duden
James Last
Uwe Seeler

(Quelle: www.zdf.de)

Bedeutende Spielzeugerfindungen deutscher Frauen

Käthe Kruse	(1883–1968)	Puppen
Margarete Steiff	(1847–1909)	Stofftiere
Beate Uhse	(1919–2001)	Sexspielzeug

Ein Volk von Hobbykünstlern

Ein kreatives Völkchen: Sie arbeiten allein oder mit anderen, treffen sich im losen Verbund oder sind im Verein organisiert. Dann nennen sie sich *Palette 96* oder *Malerfreunde Zehlendorf*. Sie zeigen ihre Werke auf Kunst- und Weihnachtsmärkten oder in Foren und Online-Galerien. Sie schaffen Ölgemälde, Plastiken, Aquarelle, Kerzen, Batikarbeiten, Schmuck und textile Objekte und kaufen für ihr Hobby jedes Jahr Farben, Papier, Leinwände, Werkzeuge und Materialien im Wert von mehreren Milliarden Euro. Zwischen 1997 und 2003 verdoppelten sich für einige Anbieter im Baumarktbereich und im Onlinehandel die Umsätze jährlich.

„Was und warum ich male? Mitunter offenbart sich mir die Landschaft unerwartet neu und beglückt mich. Also male ich sie. Das ist mein Dank. Mitunter berühren mich die schlichten Geheimnisse des menschlichen Daseins und zeigen sich mir in der ihr eigenen Ursprünglichkeit. Also male ich sie. Aus Bewunderung. Mitunter suchen mich Ideen heim, klargesichtig wie Visionen, nehmen mich gefangen, entflammen mich, verlangen nach Antworten. Also male ich sie. Das ist's, warum ich male: Weil mich's anruft."

Deutscher Freizeitkünstler

Sturmfluten und Überschwemmungen

19./20.3.1903	Sturmflut an der Ostseeküste, Schäden in Peenemünde
6.–8.4.1904	Sturmflut an der Nordseeküste
8./9.11.1904	Sturmflut an der Nordseeküste
30./31.12.1904	starke Sturmfluten an der Nord- und Ostseeküste, etwa 900 Stück Vieh ertrinken
8.–16.3.1906	verheerende Sturmfluten, besonders an den Nordseeküsten
14.2.1909	bisher beispiellose Hochwasserkatastrophe in der östlichen Altmark
4.12.1909	schwere Sturmflut an der Nordseeküste
31.12.1913	verheerende Sturmflut an der Ostseeküste
13.1.1916	Sturmflut an der Nordseeküste, Überschwemmungen
16./17.2.1916	heftigste Sturmflut in Friedrichstadt bei Husum seit es Aufzeichnungen gibt
10.10.1926	schwere Sturmflut an der Nordseeküste, Helgoland-Unterinsel überschwemmt
26.11.1928	Sturmflut an der Nordseeküste
6.7.1931	verheerendes Hochwasser im Schwarzwassertal/ Erzgebirge
11.2.1946	Leine-Hochwasser, das Hauptstaatsarchiv Hannover wird überflutet
8.–10.7.1954	Hochwasserkatastrophe in Passau
12.7.1954	Hochwasser in Zwickau, die gesamte Innenstadt wird überflutet
21.–23.12.1954	Sturmflut in der Deutschen Bucht (Ems, Jadebusen, Wesermündung)
2.6.1961	schwere Unwetter, in Niedersachsen schlimmstes Hochwasser seit 100 Jahren

Dezember 1961	intensive Regenfälle, Überflutungen in gesamten Bundesgebiet
16./17.2.1962	Sturmflut in Hamburg, 340 Menschen ertrinken
6.11.–17.12.1973	Sturmfluten an den Küsten der Deutschen Bucht
Januar 1976	15 Sturmfluten an der Küste, sechs davon schwer und drei sehr schwer
2./3.1.1976	Capella-Orkan löst eine Jahrhundertflut im Nordwesten Deutschlands aus
26.–1.3.1990	vier aufeinander folgende schwere Sturmfluten in Hamburg, drei Tote
25.12.1993	Weihnachtshochwasser im Westen Deutschlands, Pegel Köln 10,63 Meter
30.1.1995	Hochwasser an Rhein und Mosel, Pegel Köln 10,70 Meter
4.11.1995	an der Ostseeküste schwerste Sturmflut seit 40 Jahren
Juli 1997	Oderhochwasser durch Starkregenfälle, Milliardenschäden
4./5.2.1999	Sturmflut in Hamburg
3./4.12.1999	schwere Sturmfluten an der Westküste Schleswig-Holsteins
29.–31.1.2000	schwere Sturmflut an der Westküste Schleswig-Holsteins
10.–18.8.2002	Hochwasser an der Elbe und vieler ihrer Nebenflüsse

Die Fußballbundestrainer und ihre Erfolge

Name Bezeichnung	Amtszeit	Länder- spiele	Siegerquote in Prozent	Meister- schaften
Sepp Herberger Bundestrainer	(1949–1964)	162	56,8	WM 1954
Helmut Schön Bundestrainer	(1964–1978)	139	62,6	EM 1972, WM 1974
Jupp Derwall Bundestrainer	(1978–1984)	67	67,1	EM 1980
Franz Beckenbauer Teamchef	(1984–1990)	66	54,5	WM 1990
Berti Vogts Bundestrainer	(1990–1998)	102	65,7	EM 1996
Erich Ribbeck Teamchef	(1998–2000)	24	41,6	–
Rudi Völler Teamchef	(2000–2004)	53	54,7	–
Jürgen Klinsmann Teamchef	(2004–2006)	43	72,0	–
Joachim Löw Bundestrainer	(2006– ...)	–	–	–

Deutscheste Superlative

Deutscher als deutsch – ist das überhaupt möglich? So mancher meint: durchaus. Wie sonst könnte es sein, dass die Superlativform des Adjektivs *deutsch* so häufig verwendet wird, auch wenn es Sprachwissenschaftlern dabei kalt den Rücken hinunterlaufen dürfte.

Das deutscheste aller Gebirge – der Harz (lt. Tourismusverband Sachsen-Anhalt)

Das deutscheste aller Getränke – Bier (lt. Brauhaus Eutin)

Das deutscheste Team der Formel 1 – BMW-Sauber (lt. www.bild.t-online.de)

Der deutscheste aller Deutschen – Thomas Mann (lt. Marcel Reich-Ranicki)

Der deutscheste aller deutschen Dichter – Wolf Biermann (lt. DER SPIEGEL)

Der deutscheste aller Nationalhelden – Siegfried (lt. Rolf A. Becker/ Gryphon-Verlag)

Der deutscheste Strom – der Rhein (lt. Touristenmeinung)

Die deutscheste aller Burgen – die Wartburg im Thüringer Wald (www.weltkulturerbe.de)

Die deutscheste aller Inseln – Juist (lt. DIE ZEIT)

Die deutscheste aller Städte – Nürnberg (lt. Adolf Hitler)

Die deutscheste aller Verwertungsgesellschaften – GEMA (lt. Meinung in einem Weblog)

Die deutscheste Fremdsprache überhaupt – Sächsisch (lt. Meinung in einem Internetforum)

Die deutscheste Jungfrau – Loreley (lt. Siegbert Meyer, Dichter, 1840–1883)

Die deutscheste Mannschaft – Werder Bremen (lt. Oliver Bierhoff)

Die deutscheste Versuchung – Adolf Hitler (lt. Heinz Rudolf Kunze)

Der karibischste unter Deutschlands Entertainern und mit Sicherheit der deutscheste unter allen karibischen – Roberto Blanco (lt. www.mdr.de).

Die häufigsten Nachnamen

Es soll in Deutschland über 500 000 verschiedene Familiennamen geben. Hier sind die 100 häufigsten:

Name	Anzahl	Name	Anzahl
Müller	324 101	Krause	48 756
Schmidt	235 760	Meier	46 581
Schneider	142 095	Schmid	45 845
Fischer	122 941	Lehmann	45 233
Meyer	106 352	Schulze	45 074
Weber	106 208	Maier	42 741
Becker	98 445	Köhler	42 575
Wagner	97 201	Herrmann	42 178
Schulz	93 344	Walter	41 548
Hoffmann	89 412	Körtig	41 408
Schäfer	75 634	Mayer	40 975
Koch	75 082	Huber	39 419
Bauer	73 958	Kaiser	39 284
Richter	72 540	Fuchs	38 997
Klein	67 924	Peters	38 492
Schröder	63 928	Möller	37 455
Wolf	63 337	Scholz	37 393
Neumann	59 445	Lang	36 761
Schwarz	55 086	Weiß	36 699
Zimmermann	53 507	Jung	35 095
Krüger	53 365	Hahn	33 372
Braun	52 731	Vogel	32 679
Hofmann	51 129	Friedrich	32 528
Schmitz	50 776	Günther	32 441
Hartmann	50 690	Keller	32 425
Lange	50 196	Schubert	32 120
Schmitt	49 967	Berger	31 767
Werner	48 792	Frank	31 626

Name	Anzahl	Name	Anzahl
Roth	31 519	Brandt	23 273
Beck	30 998	Haas	23 137
Winkler	30 784	Heinrich	23 030
Lorenz	29 067	Seidel	22 801
Baumann	28 630	Schreiber	22 756
Albrecht	27 472	Schulte	22 335
Ludwig	27 085	Graf	22 239
Franke	27 022	Dietrich	21 626
Simon	26 879	Ziegler	21 557
Böhm	26 775	Engel	21 457
Schuster	26 423	Kühn	21 334
Schumacher	26 271	Kuhn	21 259
Kraus	26 043	Pohl	21 069
Winter	26 036	Horn	20 751
Otto	25 986	Thomas	20 729
Krämer	25 449	Busch	20 726
Stein	25 391	Wolff	20 523
Vogt	25 328	Sauer	20 313
Martin	25 308	Bergmann	20 190
Jäger	24 862	Pfeiffer	20 009
Groß	24 170	Voigt	19 959
Sommer	23 929	Ernst	19 926

(Quelle: DUDEN *Familiennamen* 2005)

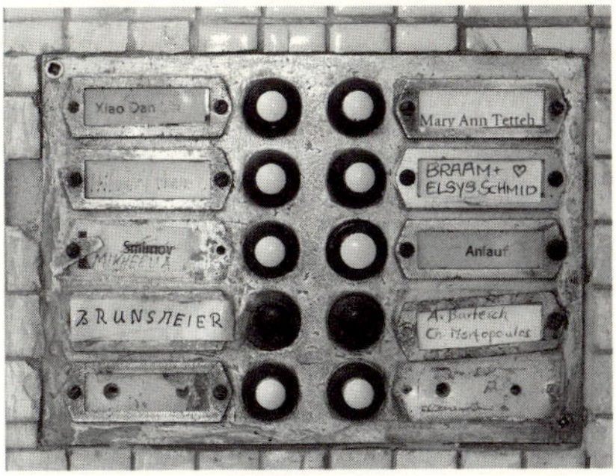

DDR-Parolen
„Vom Sozialismus lernen, heißt siegen lernen"

Was den Westdeutschen ihre Wahlkampfslogans, waren im Osten die Parolen der Partei. In punkto inhaltlicher Aussage und Sinngehalt konnten sich beide durchaus messen. Mancher erinnert sich noch daran, wenn in vielen Fällen auch nicht gern.

Alles zum Wohle des Volkes!

Arbeite mit! Plane mit! Regiere mit!

Den Sozialismus in seinem Lauf halten weder Ochs noch Esel auf.

Der Marxismus ist allmächtig, weil er wahr ist, auch die Lehre von Marx ist allmächtig, weil sie wahr ist.

Der Mensch steht im Mittelpunkt aller Bemühungen.

Der Sozialismus ruft uns alle.

Der Sozialismus siegt.

Die Beschlüsse des VIII. Parteitages – Richtschnur unseres Handelns!

Die Volkspolizei – dein Freund & Helfer!

Ewige Freundschaft mit der ruhmreichen Sowjetunion!

Für Frieden und Sozialismus seid bereit. Immer bereit.

Für Frieden und Völkerfreundschaft!

Für Wohlstand, Frieden, Glück, decken wir den Tisch der Republik.

Greif zur Feder, Kumpel!

Im Mittelpunkt steht der Mensch.

Jedermann an jedem Ort – einmal in der Woche Sport!

Kurs der Einheit in der Wirtschafts- und Sozialpolitik.

Mach mit – mach's nach – mach's besser!

Mein Arbeitsplatz – mein Kampfplatz für den Frieden.

Mit jeder Mark, jeder Minute, jedem Gramm Material einen höheren Nutzeffekt.

Ohne Gott und Sonnenschein holen wir die Ernte ein.

Proletarier aller Länder, vereinigt Euch!

So wie wir heute arbeiten, werden wir morgen leben.

Überholen ohne einzuholen.

Unsere ganze Kraft für die Erfüllung des Fünfjahrplanes!

Wir sind die Sieger der Geschichte!

Wo ein Genosse ist, da ist die Partei – also die besseren Argumente!

Unwörter des Jahres

Die *Unwörter des Jahres* werden seit 1991 – ergänzend zu den *Wörtern des Jahres* – von der Gesellschaft für deutsche Sprache (GfdS) in Wiesbaden gewählt und publiziert. Die fett gedruckten Wörter kennzeichnen das jeweilige Siegerwort.

2006 **freiwillige Ausreise** • Konsumopfer • Neiddebatte

2005 **Entlassungsproduktivität** • Ehrenmord • Bombenholocaust • Langlebigkeitsrisiko

2004 **Humankapital** • Begrüßungszentrum • Luftverschmutzungsrechte

2003 **Tätervolk** • Angebotsoptimierung • Abweichler

2002 **Ich-AG** • Ausreisezentrum • Zellhaufen

2001 **Gotteskrieger** • Kreuzzug • Topterrorist • therapeutisches Klonen • Gewinnwarnung

2000 **national befreite Zone** • überkapazitäre Mitarbeiter • Separatorenfleisch • „Dreck weg!" • (deutsche) Leitkultur

1999 **Kollateralschaden**

1998 **sozialverträgliches Frühableben** • Belegschaftslasten • Humankapital • Moralkeule

1997 **Wohlstandsmüll** (arbeitsunfähige Kranke) • Organspende • Blockadepolitik/-politiker • neue Beelterung

1996 **Rentnerschwemme** • Flexibilisierung • Outsourcing • Umbau des Sozialstaats • Gesundheitsreform • Sozialhygiene

1995 **Diätenanpassung** • Altenplage • biologischer Abbau • sozialverträglicher Stellenabbau • abfackeln

1994 **Peanuts** • Besserverdienende • Dunkeldeutschland • Buschzulage • Freisetzung

1993 **Überfremdung** • kollektiver Freizeitpark • Sozialleichen • schlanke Produktion (lean production) • Selektionsrest

1992 **ethnische Säuberung** • weiche Ziele • jemanden abklatschen, aufklatschen • aufenthaltsbeendende Maßnahmen • Beileidstourismus

1991 **ausländerfrei** • durchrasste Gesellschaft • intelligente Waffensysteme (intelligente Bomben) • Personalentsorgung • Warteschleife

Der deutsche Wald

Der Anteil der deutlich geschädigten Waldfläche (Schadstufe 2–4) an der Gesamtfläche betrug 2006 ca. 28 Prozent (2005: 29 Prozent).

Der Anteil an ungeschädigten Bäumen (Schadstufe 0)

im Saarland	-14 Prozent
in Berlin-Brandenburg	-8 Prozent
in Mecklenburg-Vorpommern	-8 Prozent
in Nordrhein-Westfalen	-5 Prozent
in Sachsen-Anhalt	-2 Prozent
in Thüringen	-2 Prozent
in Bayern	-2 Prozent

Deutliche Schädigungen

bei Eichen	44 Prozent
bei Fichten	31 Prozent
bei Kiefern	18 Prozent
bei Buchen	48 Prozent

(Quelle: Statistisches Bundesamt)

Tote durch Hundeangriffe

Dass der Deutsche Schäferhund und seine Mischlinge diese Statistik anführen, liegt nicht zwangsläufig an der Gefährlichkeit dieser Hunderasse, sondern vor allem an der Verbreitung von Schäferhunden. Es gibt rund zwei Millionen Tiere in Deutschland. Eine Hunderasse, die nur mit wenigen Exemplaren in Deutschland vertreten ist, kann durchaus gefährlicher sein, dies geht aber nicht aus der Statistik der Beißunfälle hervor. Deshalb steht diese Auflistung auch nicht im Widerspruch zur Liste der als gefährlich geltenden Hunderassen, auch wenn das von Hundefreunden vielfach angezweifelt wird.

Hunderasse	Todesfälle
Deutscher Schäferhund und seine Mischlinge	27
Rottweiler	8
Mischlinge	4
Pitbull	4
Dobermann	1
Windhund	1
Husky	1
Jagdhund	1
Boxer	1
Labrador	1
Bernhardiner	1
ungeklärt	3

(Quelle: www.maulkorbzwang.de)

Werbegrößen

Sie existieren nicht wirklich, doch sie sind Teil unserer Nation. Sie wohnen nicht in unseren Häusern, aber in unserer aller Köpfe. Manche von ihnen begleiten uns von Kindesbeinen an und sind willkommen. Andere fallen für manchen Betroffenen unter ein neues Anti-Stalking-Gesetz gegen fiktive Belästigung – die Personen und Charaktere der Werbung, das Pandämonium der professionellen Verkäufer. Über den einen oder anderen der unten genannten ist schon fast der Mantel der Vergessenheit gefallen, andere, neue, suchen uns jeden Tag heim, ob wir wollen oder nicht. Die Liste enthält übrigens nur einige von ihnen, aber es gibt natürlich noch etliche weitere – und jeden Tag kommen neue hinzu …

Baron Rocher
Chocos, der Knusperbär
Claudia Bertani
das Camel-Kamel
das HB-Männchen
das Lefax-Männchen
das Michelin-Männchen
das Projekt-2003-Team
der Affe Coco
der Bärenmarke-Bär
der Bausparfuchs
der Camel-Mann
der Charmin-Bär
der Esso-Tiger
der Gilb
der Haribo-Goldbär
der Hustinetten-Bär
der kleine Hunger
der Kuschelweich-Bär
der Mann mit dem Licht

der Marlboro-Mann
der Milka-Alm-Öhi
der Nordsee-Kapitän
der Obi-Biber
der Sarotti-Mohr
der Spee-Fuchs
der Tchibo-Kaffee-Experte
der weiße Riese
die Ace-Oma
die Fleckenzwerge
die Fruchtzwerge
die kleinen Preise
die Milka-Kuh
die Mutter aller Schnäppchen
die verrückte Kuh
die Zomtec-Belegschaft
digimann
Dr. Best
Dr. Oetker
Frau Antje
Herr Kaiser
Hubba und Bubba
Käpt'n Iglo
Klementine
Lurchi
Mr. Proper
Olaf
Palmolive-Tilly
Pizza-Alberto
Professor Rino
Red Zac
Robert T. Online
Ronald MacDonald
Tony der Tiger

Hansestädte

Hansestädte waren die Städte, die sich zur mittelalterlichen Handelsorganisation Hanse zusammengeschlossen hatten. Sie nahmen lange Zeit großen Einfluss auf die Warenströme in Europa. Die folgenden Städte gehörten in der Vergangenheit zur Hanse und führen noch heute offiziell die Bezeichnung *Hansestadt* in ihrem Namen:

Hansestadt Anklam

Hansestadt Bremen

Hansestadt Demmin

Hansestadt Greifswald

Hansestadt Hamburg

Hansestadt Lübeck

Hansestadt Rostock

Hansestadt Stralsund

Hansestadt Wismar

Die Neue Hanse

Sie wurde 1980 in Zwolle/Niederlande gegründet und soll eine Lebens- und Kulturgemeinschaft der Städte sein. Ganz wie in der „alten“ Hanse, in deren Tradition sie sich sehen, wollen die Mitglieder der Neuen Hanse aus 14 europäischen Ländern über die Grenzen hinweg Handel und Wandel fördern (u. a. auch den Tourismus). Die deutschen Mitgliedsstädte der Neuen Hanse sind:

Ahlen • Alfeld (Leine) • Anklam • Attendorn • Bad Iburg • Balve • Beckum • Bockenem • Brakel • Brandenburg an der Havel • Braunschweig • Breckerfeld • Bremen • Brilon • Buxtehude • Demmin • Drolshagen • Dortmund • Duderstadt • Duisburg • Einbeck • Emmerich am Rhein • Frankfurt (Oder) • Fürstenau • Gardelegen • Goslar • Greifswald • Gronau (Leine) • Göttingen • Halle (Saale) • Haltern am See • Hamburg • Hameln • Hamm • Haselünne • Havelberg • Helmstedt • Herford • Hildesheim • Höxter • Kalkar-Grieth • Kamen • Kiel • Korbach • Kyritz • Lemgo • Lippstadt • Lübeck • Lüneburg • Lünen • Magdeburg • Marienmünster • Medebach • Melle • Meppen • Merseburg • Minden • Mühlhausen/Thüringen • Münster • Naumburg (Saale) • Neuenrade • Neuss • Nieheim • Osnabrück • Osterburg • Osterode • Paderborn • Perleberg • Pritzwalk • Quakenbrück • Quedlinburg • Rheine • Rostock • Rüthen • Salzwedel • Schwerte • Seehausen (Altmark) • Soest • Solingen • Stade • Stendal • Stralsund • Sundern (Sauerland) • Tangermünde • Telgte • Unna • Uslar • Vreden • Warburg • Warendorf • Werben (Elbe) • Werl • Werne • Wesel • Wipperfürth • Wismar

Zukunftsängste – was die Deutschen fürchten

Es fürchten:

Arbeitslosigkeit	73 Prozent
fehlende Ausbildungsplätze	40 Prozent
Belastung mit Abgaben und Steuern	33 Prozent
Entscheidungsunfähigkeit der Politiker	23 Prozent
unsichere Renten	23 Prozent
Kriminalität	12 Prozent
Terrorismus	8 Prozent
Umweltschäden	8 Prozent
Inflation	3 Prozent

(Quelle: Umfrage von TNS-Emnid Dezember 2006)

Anders gefragt, anderes Ergebnis: Zukunftsangst Variante 2

Anstieg der Lebenshaltungskosten	70 Prozent
fehlende Bürgernähe in der Politik	63 Prozent
Arbeitslosigkeit in Deutschland	61 Prozent
Verschlechterung der wirtschaftlichen Situation	60 Prozent
Pflegefälle im Alter	52 Prozent
eigene Arbeitslosigkeit	51 Prozent
schwere Erkrankung	51 Prozent
Spannungen durch Zuzug von Ausländern	44 Prozent
Drogen- und Alkoholsucht der eigenen Kinder	42 Prozent
Terrorismus	41 Prozent
geringer Lebensstandard im Alter	39 Prozent
Krieg mit deutscher Beteiligung	31 Prozent
Vereinsamung im Alter	30 Prozent
Straftaten	25 Prozent
Verbrechen in der Partnerschaft	18 Prozent

(Quelle: Umfrage des R+V-Infocenters September 2005)

Die legendäre Fußball-WM-Mannschaft von 1954

Die deutsche Nationalmannschaft war als Außenseiter angetreten und wurde dennoch Fußballweltmeister. Hier die Helden, die etwas schafften, was als *Wunder von Bern* in die Fußballgeschichte eingegangen ist:

Fritz Walter	Kapitän und Spielmacher der Mannschaft
Hans Schäfer	der Kölner mit dem Spitznamen *de Knoll*, der Dickkopf
Helmut Rahn	der *Boss* – seine beiden Tore machten die Deutschen zu Weltmeistern
Horst Eckel	obwohl er der Jüngste im Team war, deckte er den ungarischen Fußballstar Nandor Hideguti
Jupp Posipal	er spielte für Deutschland, obwohl seine Mutter eine Ungarnin war
Karl Mai	der linke Außenläufer
Max Morlock	mit sechs Toren war er der Torschützenkönig in der deutschen Mannschaft während des WM-Turniers – er schoss auch das erste Tor gegen die Ungarn
Ottmar Walter	Mittelstürmer und Bruder von Fritz Walter
Toni Turek	der legendäre Torwart war am Sieg der deutschen Mannschaft maßgeblich beteiligt
Werner Kohlmeyer	linker Verteidiger
Werner Liebrich	der Mittelläufer des Weltmeisterteams
Sepp Herberger	Trainer

An alle deutschen Oberlehrer und Besserwisser

Irrtum vorbehalten! Bitte haben Sie Verständnis für die Probleme bei einer solchen Arbeit. Die Datenlage ist bei vielen der behandelten Themen ausgesprochen komplex, unterschiedliche Quellen arbeiten mit ungleichen Kriterien und kommen zu ähnlichen, aber dennoch differierenden Ergebnissen. Auch der menschliche Faktor spielt eine Rolle: Wie schnell kann man in einer Tabelle in einer Spalte verrutschen und den falschen Wert notieren! Da diese Zusammenstellung eher der Unterhaltung als zum Beispiel als Grundlage für eine Firmengründung oder wirtschaftliche Planung dient, dürften Fehler zwar als störend empfunden werden, aber in ihren Auswirkungen nicht so ins Gewicht fallen wie in einem wissenschaftlichen Datenwerk. Am besten, sie lachen über die kuriosen Zusammenhänge, die dieses Buch aufzeigen will. Für Hinweise auf Fehler sind wir Ihnen dennoch dankbar.